Dalai Lama

Der Weg zum Glück

Das Buch

Wir können etwas tun zu unserem Glück. Der Dalai Lama zeigt überzeugend, dass Gelassenheit und Seelenruhe jedem möglich sind. Die persönliche Einführung des Dalai Lama ins meditative Leben ist deswegen so überzeugend weil er, ausgehend von alltäglichen Situationen, zeigt: Innere Zufriedenheit ist dem möglich, der sich von allem befreit, was im Leben unwesentlich ist. Das Basiswissen der Lebenskunst. „Die klaren Worte des Dalai Lama bestechen durch ihre Bescheidenheit, ihre Herzenswärme und profunde Sanftmut“ (Münchner Merkur).

Der Autor

Tenzin Gyatso, 14. Dalai Lama, geb. 1935, geistliches Oberhaupt der Tibeter, nicht nur der bedeutendste Repräsentant des Buddhismus, sondern weltweit unumstritten einer der großen Repräsentanten der Weisheit. Träger des Friedensnobelpreises. Bei Herder Spektrum zuletzt u. a.: So einfach ist das Glück; Kleines Buch der inneren Ruhe; Das Herz der Religionen.

Dalai Lama

Der Weg zum Glück

Sinn im Leben finden

Herausgegeben von Jeffrey Hopkins

Aus dem Amerikanischen
von Johannes Tröndle

HERDER

FREIBURG · BASEL · WIEN

HERDER spektrum Band 6782

MIX
Papier aus verantwortungsvollen Quellen
FSC® C083411
www.fsc.org

Titel der amerikanischen Originalausgabe: How to Practice.
The Way to a Meaningful Life.

Original Publisher: Pocket Books / New York, a Division of Simon & Schuster.
Die Redaktion wurde fachlich begleitet von Dorothea Nett.

www.herder.de

Umschlaggestaltung: Designbüro Gestaltungssaal
Umschlagmotiv: © dpa Picture-Alliance / BREUEL-BILD/ABB
Herstellung: CPI books GmbH, Leck

Printed in Germany

ISBN 978-3-451-06782-2

INHALT

VORWORT

Zum ersten Mal hörte ich Seine Heiligkeit, den Dalai Lama, im Jahre 1972 lehren. Nur drei Tage nach meiner Ankunft in Dharamsala in Nordindien begann er mit einer sechzehntägigen Vortragsreihe, für vier bis sechs Stunden täglich, über die Stufen des Weges zur Erleuchtung. 1962 hatte ich begonnen, Tibetisch zu studieren und tibetischen Buddhismus zu praktizieren, und meine Lehrer, besonders versiert in den feinsten Nuancen tibetischer Textkommentare, hatten mich auf das Studium mit geflüchteten tibetischen Gelehrten-Yogis in Indien vorbereitet. Jedoch glaubte ich nicht, um ehrlich zu sein, dass eine von der Regierung ernannte Wiedergeburt – im Alter von zwei Jahren mithilfe von Prophezeiungen, Visionen, außergewöhnlichen Vorkommnissen und Tests als der Vierzehnte Dalai Lama anerkannt – irgendwie den in sie gesetzten Erwartungen gerecht werden könnte.

Als ich ihn dann tatsächlich hörte, war ich jedoch erstaunt.

Er sprach über ein breites Spektrum von Themen, den Weg zur Erleuchtung betreffend, fesselte meinen Verstand und mein Herz mit großen und kleinen Gedanken und Ideen, die lange ungelöste Fragen klärten, ging tiefer auf andere Themen ein und führte mich auf neue Gebiete des Verstehens.

Auf Tibetisch spricht der Dalai Lama mit einer solchen Geschwindigkeit und Klarheit, dass es unmöglich für mich war, abgelenkt zu werden. Einmal wurde er besonders schwungvoll, während er Betrachtungen zur Entwicklung von Mitgefühl anstellte. Seine Stimme stieg auf eine Tonhöhe an, die er scherzend seine „Ziegenstimme“ nannte, und darin hörte ich das schöpferische Vertieftsein eines Dichters. Während dieser Vortragsreihe stellte er das vollständige Spektrum von Übungen vor, die zur Erleuchtung führen, oft Themen aneinander stellend, die andere unverbunden nebeneinander stehen lassen – und all das mit der Tiefgründigkeit eines Philosophen. Dieselbe Doppelstimme des Dichters und Philosophen ist in diesem Buch gegenwärtig – zuweilen das Herz anrührend mit ergreifenden Beschreibungen der Beschaffenheit des Lebens und der Schönheit von Mitgefühl, und andere Male sorgfältige Unterscheidungen durchführend über tiefgründige Praktiken wie zum Beispiel der Meditation über Leerheit, welche als Nahrung für Jahre von Kontemplation dienen können.

Im Alter von fünf Jahren wurde der Dalai Lama nach Lhasa, der Hauptstadt Tibets, gebracht, wo er den kompletten Lehrplan der Klosterschulung durchlief. Aufgrund der Besetzung Osttibets durch die chinesischen Kommunisten im Jahre 1950 musste er plötzlich im Alter von sechzehn Jahren die Zügel der tibetischen Regierung in die Hand nehmen. Trotz seiner Versuche, mit den Eindringlingen zu kooperieren, geriet er plötzlich in Lebensgefahr und floh 1959 nach Indien. Im Exil hat er Zentren für das weitreichende Gebiet tibetischer Kultur erfolgreich neu gegründet. Er hat nahezu die gesamte Welt bereist, und seine Botschaft von der Wichtigkeit von Güte und Freundlichkeit als der Grundlage unserer Gesellschaft richtet sich nicht nur an Buddhisten oder andere Gläubige, sondern an jeden Einzelnen. Als Anerkennung für seine unermüdlichen Bemühungen für die Tibeter und alle Völker wurde er 1989 mit dem Friedensnobelpreis ausgezeichnet.

Der Dalai Lama hat viele Bücher veröffentlicht, manche für die allgemeine Leserschaft, andere für Menschen, die besonders am Buddhismus interessiert sind. In diesem Buch stützt er sich auf eine lange Tradition spiritueller Übung in Tibet und auf seine eigenen Erfahrungen, um Vorschläge anzubieten, wie man einen spirituellen Weg beschreiten kann, der zu geistiger Klarheit und Umwandlung von Gefühlen führt. Auf diese Weise zeigt er, wie im Leben Sinn gefunden werden kann.

Während der gesamten dreißig Jahre, die ich ihn nun schon kenne, und während der zehn Jahre, die ich als sein Hauptübersetzer auf Vortragsreisen in den Vereinigten Staaten, in Kanada, Indonesien, Singapur, Malaysia, Australien, Großbritannien und der Schweiz diente, konnte ich Zeuge davon sein, wie er diese Übungen bis in sein innerstes Wesen hinein verkörpert. Es ist wichtig zu erkennen, dass dieser verständnisvolle, warmherzige, humorvolle und wunderbare Mensch aus der tibetischen Kultur erwachsen ist. Wir brauchen die Hochschätzung dieser Kultur als eines der großen Wunder unserer Welt.

Jeffrey Hopkins, Ph.D.
Professor für Tibetologie
Universität von Virginia

EINFÜHRUNG

Die Notwendigkeit von Frieden und Mitgefühl

Ich bin an viele Plätze dieser Erde gereist, und wo immer ich mit Menschen spreche, tue ich dies mit dem Gefühl, ein Mitglied ihrer eigenen Familie zu sein. Auch wenn wir uns vielleicht das allererste Mal treffen, akzeptiere ich jeden Menschen als Freund. In Wahrheit kennen wir uns schon auf tiefer Ebene, als menschliche Wesen, welche die gleichen grundsätzlichen Ziele miteinander teilen: Wir alle streben nach Glück und möchten Leid vermeiden.

ZWEI WEGE ZUM GLÜCK

Es gibt zwei Wege, die Ursachen für Glück zu schaffen. Der erste ist äußerlich. Durch eine bessere Unterkunft, bessere Kleidung und bessere Freunde können wir ein gewisses Maß an Glück und Zufriedenheit finden. Der zweite Weg besteht in geistiger Entwicklung, die inneres Glück hervorbringt. Diese beiden Vorgehensweisen sind jedoch nicht gleichermaßen zweckdienlich. Äußeres Glück kann nicht lange ohne sein Gegenstück andauern. Wenn es in unserer Ausrichtung an etwas mangelt – wenn etwas in unserem Herzen fehlt –, dann können wir auch trotz luxuriösester Umgebung nicht wirklich glücklich sein. Wenn wir jedoch geistigen Frieden haben, dann können wir Glück auch unter den schwierigsten Umständen finden.

Materieller Fortschritt allein löst manchmal ein Problem, schafft jedoch ein anderes. Manche Menschen haben zum Beispiel großen Wohlstand erworben, eine gute Erziehung genossen und einen hohen sozialen Stand errungen, aber dennoch weicht das Glück ihnen aus. Sie nehmen Schlaftabletten und trinken zu viel Alkohol. Etwas fehlt ihnen, irgendein Bedürfnis ist immer noch unbefriedigt, und so nehmen diese

Menschen Zuflucht zu Medikamenten, Drogen oder zur Flasche. Auf der anderen Seite finden einige Menschen, die weniger Geld haben, um sich darüber Sorgen zu machen, mehr Frieden. Nachts schlafen sie gut. Obwohl sie auf materieller Ebene arm sind, sind sie dennoch zufrieden und glücklich. Dies beweist den Einfluss einer guten geistigen Einstellung. Materieller Fortschritt alleine wird das Problem menschlichen Leidens nicht vollständig lösen können.

In diesem Buch möchte ich Ihnen, den Leserinnen und Lesern, wertvolle Techniken der tibetischen Tradition anbieten, die zu geistigem Frieden führen, wenn sie in täglicher Übung angewandt werden. In dem Maße, wie Geist und Herz besänftigt werden, legen sich Unruhe und Sorgen auf natürliche Weise, und es ist möglich, mehr Glück zu genießen. Unsere Beziehungen zu anderen werden diese Veränderungen widerspiegeln. Und als bessere Menschen werden wir bessere Bürger unseres Landes sein und letzten Endes bessere Bürger dieser Welt.

GÜTE UND FREUNDLICHKEIT

Wir kamen alle hilflos auf die Welt. Ohne die Güte und Freundlichkeit unserer Eltern hätten wir nicht überleben, geschweige denn gedeihen können. Wenn Kinder in ständiger Angst aufwachsen, ohne sich auf jemanden verlassen zu können, werden sie ihr ganzes Leben lang darunter leiden. Da der Geist kleiner Kinder so feinfühlig und empfindlich ist, ist es besonders offensichtlich, dass sie Güte und Freundlichkeit brauchen.

Erwachsene Menschen brauchen ebenso Güte und Freundlichkeit. Wenn mich jemand mit einem freundlichen Lächeln begrüßt und eine aufrichtig wohlwollende Haltung zeigt, dann schätze ich das sehr. Auch wenn ich diese Person nicht kenne und ihre Sprache nicht verstehe, erfreut sie dennoch augenblicklich mein Herz. Wenn auf der anderen Seite Güte und Freundlichkeit fehlen, auch bei jemandem, den ich seit vielen Jahren kenne und der aus meinem eigenen Kulturkreis stammt, dann spüre ich das. Freundlichkeit und Liebe, ein echtes Empfinden von Bruderschaft und Schwesternschaft, sind äußerst kostbar. Sie ermöglichen das Zusammenleben in der Gemeinschaft und sind somit entscheidend für die Gesellschaft.

DAS MENSCHLICHE POTENZIAL

Jeder von uns hat ein stichhaltiges Gefühl von Selbst, von „Ich". Auch grundsätzliche Ziele haben wir gemeinsam: Wir möchten Glück erreichen und Leid vermeiden. Tiere und Insekten möchten ebenso Glück erreichen und Leid vermeiden. Sie haben aber keine besondere Fähigkeit, darüber nachzudenken, wie tiefer gehendes Glück erreicht und Leiden überwunden werden kann. Als Menschen sind wir mit diesem Denkvermögen ausgestattet; wir haben dieses Potenzial, und wir müssen es anwenden. Auf jeder erdenklichen Ebene – als Individuen und als Mitglieder einer Familie, einer Gemeinde, einer Nation und unseres Planeten – sind wir mit Ärger und Egoismus als den schädlichsten Unruhestiftern konfrontiert. Die Art von Egoismus, auf die ich mich hier beziehe, ist nicht nur ein Gefühl von „Ich", sondern eine übertriebene Ichbezogenheit. Niemand würde je behaupten, sich glücklich zu fühlen, während er zornig ist. So lange Ärger und Zorn unseren Charakter bestimmen, gibt es keine Möglichkeit für andauerndes Glück. Um Frieden, Gelassenheit und wahre Freundschaft zu erlangen, müssen wir Ärger möglichst minimieren sowie Güte und Warmherzigkeit kultivieren. Dies kann durch die Übungen erreicht werden, die ich in diesem Buch beschreibe.

Wenn wir selbst Warmherzigkeit entwickeln, kann das auch andere verwandeln. Indem wir freundlichere Menschen werden, erfahren unsere Nachbarn, Freunde, Eltern, Ehegatten und Kinder weniger Ärger. Sie werden warmherziger, mitfühlender und ausgeglichener werden. Die Stimmung und Atmosphäre an sich wird glücklicher, was eine bessere Gesundheit fördert, vielleicht sogar ein längeres Leben.

Sie mögen reich, mächtig und wohlerzogen sein, aber ohne diese gesunden Gefühle von Güte und Mitgefühl wird es keinen Frieden in Ihnen geben, keinen Frieden in Ihrer Familie – sogar Ihre Kinder werden leiden. Güte und Freundlichkeit sind für inneren Frieden unentbehrlich. Wie Sie auf den folgenden Seiten sehen werden, besteht die wichtigste Methode, ein glücklicheres Leben zu erreichen, darin, unseren Geist in täglichen Übungen zu schulen, die negatives Verhalten schwächen und positives Verhalten stärken.

Die entscheidende Frage ist, ob wir uns in Güte, Freundlichkeit und Frieden üben können oder nicht. Viele unserer Probleme stammen von einem Verhalten, welches uns selbst um jeden Preis an die erste Stelle setzt. Ich weiß aus eigener Erfahrung, dass es möglich ist, solches Verhalten zu ändern und den menschlichen Geist zu verbessern. Obwohl er farblos, formlos und manchmal schwach ist, kann der menschliche Geist härter als Stahl werden. Um den Geist zu schulen, müssen wir die Geduld und Entschlossenheit aufbringen, die notwendig ist, um diesen Stahl zu formen. Wenn Sie sich der Schulung Ihres Geistes mit starkem Willen und Geduld widmen und es wieder und wieder und wieder versuchen, dann werden Sie erfolgreich sein, egal wie vielen Schwierigkeiten Sie zu Beginn begegnen mögen. Mit Geduld und Übung und Zeit wird sich der Wandel einstellen.

Geben Sie nicht auf. Wenn Sie schon zu Beginn pessimistisch sind, können Sie das Ziel keinesfalls erreichen. Wenn Sie hoffnungsvoll und fest entschlossen sind, werden Sie immer ein gewisses Maß an Erfolg haben. Es geht nicht darum, die Goldmedaille zu gewinnen. Aber Sie werden Ihr Bestes gegeben haben.

GEGENSEITIGE ABHÄNGIGKEIT

Weite Teile der Welt sind heute durch ein Netz von elektronischer Kommunikation und augenblicklicher Verfügbarkeit von Informationen verbunden. Im 21. Jahrhundert hat unsere globalisierte Wirtschaft Staaten und deren Völker sehr stark voneinander abhängig gemacht. In früheren Zeiten war der Handel zwischen den Ländern nicht zwingend erforderlich. Heutzutage ist es unmöglich, isoliert zu bleiben. Wenn die Staaten nicht gegenseitigen Respekt aufbringen, entstehen zwangsläufig Probleme. Obwohl es schwerwiegende Anzeichen für Störungen zwischen reichen und ärmeren Ländern und zwischen reichen und ärmeren Gruppen innerhalb der Länder gibt, kann diese wirtschaftliche Kluft mithilfe eines verstärkten Gefühls von globaler wechselseitiger

Abhängigkeit und Verantwortung ausgeglichen werden. Die Menschen eines Landes müssen die Menschen anderer Länder wie Brüder und Schwestern betrachten, die Fortschritt in ihrem Heimatland verdienen.

Trotz größter Anstrengungen unserer führenden Politiker entstehen immer neue Krisen. Kriege töten unschuldige Menschen; die Alten und unsere Kinder sterben. Viele Soldaten, die kämpfen, tun dies nicht aus eigenem Antrieb; diese unschuldigen Soldaten erfahren echtes Leiden, was sehr bedauernswert ist. Der Verkauf von Waffen – Abertausenden von Waffen- und Munitionstypen – durch die Hersteller in großen Ländern schüren diese Gewalt. Gefährlicher als Kanonen und Bomben sind jedoch Hass, fehlendes Mitgefühl und Mangel an Respekt vor den Rechten anderer. So lange Hass im menschlichen Geist wohnt, ist wirklicher Friede unmöglich...

Wir müssen alles uns Mögliche tun, um dem Krieg ein Ende zu machen und die Welt von Atomwaffen zu befreien. Als ich Hiroshima besuchte, wo die erste Atombombe abgeworfen wurde, als ich die genaue Stelle sah und die Geschichten der Überlebenden hörte, war ich in meinem Herzen zutiefst bewegt. Wie viele Menschen sind da in einem einzigen Augenblick umgekommen! Wie viele mehr wurden verletzt! Wie viel Schmerz, Verwüstung und Elend ein Atomkrieg verursacht! Und dennoch: Sehen Sie sich an, wie viel Geld für Massenvernichtungswaffen ausgegeben wird. Es ist schockierend, eine ungeheuerliche Schande!

Fortschritte in der Technik und den Wissenschaften haben der Menschheit großen Nutzen gebracht, jedoch nicht ohne Preis. Während wir uns beispielsweise an der Entwicklung von Düsenflugzeugen erfreuen, die es uns ermöglichen, bequem die Welt zu bereisen, wurden auch enorm zerstörerische Waffen geschaffen. Unabhängig davon, wie schön oder abgelegen ihre Heimatländer sind, leben dennoch viele Menschen in ständiger Furcht vor einer ganz konkreten Bedrohung: Abertausende von Atomsprengköpfen, die zum Angriff bereitstehen. Aber der Knopf muss von jemandem gedrückt werden, und so ist letzten Endes menschliche Absicht verantwortlich.

Der einzige Weg, um dauerhaften Frieden zu erlangen, führt über gegenseitiges Vertrauen, Respekt, Liebe und Mitgefühl. Das ist der einzige Weg! Die Bemühungen der Weltmächte, einander durch Wettrüsten, sei es nuklear, chemisch, biologisch oder konventionell, zu dominieren, sind kontraproduktiv. Wie kann eine Welt voller Hass und Wut dauerhaften Frieden erreichen? Äußerer Friede ist ohne inneren Frieden unmöglich. Es ist ehrenhaft, an äußeren Lösungen zu arbeiten. Diese können aber nicht erfolgreich umgesetzt werden, solange Hass und Ärger im Herzen der Menschen wohnen. Das ist der Punkt, an dem tief greifender Wandel einzusetzen hat. Auf individueller Ebene müssen wir an der Veränderung der grundlegenden Perspektiven arbeiten, von denen unsere Gefühle abhängen. Das können wir nur durch Schulung erreichen, indem wir uns auf die Übung einlassen mit dem Ziel, schrittweise die Art und Weise, wie wir uns selbst und andere wahrnehmen, neu auszurichten.

Die verzweifelte Lage unserer Welt ruft uns zum Handeln auf. Jeder von uns hat auf der tieferen Ebene unserer gemeinsamen Menschlichkeit eine Verantwortung und muss versuchen zu helfen. Menschlichkeit wird bedauerlicherweise allzu oft für das Aufrechterhalten von Ideologien geopfert. Das ist vollkommen falsch. Politische Systeme sollten eigentlich den Menschen von Nutzen sein. Aber genau wie Geld können sie Kontrolle über uns ausüben anstatt für uns zu arbeiten. Wenn wir mit Warmherzigkeit und Geduld die Standpunkte der anderen in Betracht ziehen und Gedanken in ruhiger Diskussion austauschen können, werden wir Punkte der Übereinstimmung finden. Es ist unsere Verantwortung – aus Liebe und Mitgefühl für die Menschheit –, nach Harmonie zwischen Nationen, Ideologien, Kulturen, ethnischen Gruppen und auch wirtschaftlichen und politischen Systemen zu streben. Wenn wir wirklich die Einheit der gesamten Menschheit anerkennen, wird unser Antrieb, Frieden zu finden, stärker werden. Im tiefsten Sinn sind wir wirklich Schwestern und Brüder, daher müssen wir unser jeweiliges Leiden miteinander teilen. Gegenseitige Rücksichtnahme, Vertrauen und Interesse am Wohlergehen der jeweils anderen sind unsere beste Hoffnung für dauerhaften Weltfrieden.

Staatsoberhäupter haben natürlich eine besondere Verantwortung auf diesem Gebiet. Doch jeder Einzelne muss ebenso die Initiative ergreifen, ungeachtet religiöser Bekenntnisse. Einfach durch unser Menschsein, durch das Streben nach Glück und das Vermeiden von Leid, sind wir Bürger dieses Planeten. Wir sind alle dafür verantwortlich, eine bessere Zukunft zu schaffen. Um eine wohlwollende Einstellung zu erlangen, ein warmes Herz, Achtung für die Rechte der anderen und Interesse an ihrem Wohlergehen, müssen Sie Ihren Geist schulen. In diesem Buch stelle ich eine Reihe von Übungen vor, die auf tibetische Traditionen zurückgreifen und die dabei helfen können, diese Ziele zu erreichen. Das wichtigste Ziel täglicher Übung ist es, eine Haltung von Mitgefühl und Ruhe zu kultivieren – einen Geisteszustand, der für die heutige menschliche Gesellschaft ganz besonders entscheidend ist: aufgrund seiner Kraft, wirkliche Harmonie zwischen den Nationen und zwischen Menschen unterschiedlicher ethnischer Herkunft sowie unterschiedlicher religiöser, politischer und wirtschaftlicher Systeme hervorzubringen.

HARMONIE SCHAFFEN

Die Harmonie und Freundschaft, die wir in unseren Familien, Staaten und in unserer Welt brauchen, kann nur durch Mitgefühl und Güte erreicht werden. Indem wir einander mit Interesse und Rücksicht helfen, können wir viele Probleme auf einfache Art und Weise lösen. Harmonie kann nicht in einem Klima von Misstrauen, Betrug, Unterdrückung oder gnadenlosem Wettbewerb gedeihen. Erfolg durch Einschüchterung und Gewalt ist bestenfalls vorübergehend; sein oberflächlicher Nutzen schafft nur neue Probleme. Das ist der Grund, warum nur ein paar Jahrzehnte nach der erschütternden menschlichen Tragödie des Ersten Weltkrieges der Zweite Weltkrieg geführt und weitere Millionen von Menschen getötet wurden. Wenn wir unsere lange Geschichte von Hass und Wut untersuchen, erkennen wir die offensichtliche Notwendigkeit, einen besseren Weg zu finden. Wir können unsere Probleme nur mit friedvollen Mitteln lösen – friedvolle Worte allein reichen nicht, sondern wir brauchen einen friedvollen Geist und ein friedvolles Herz. Auf diese Weise werden wir eine bessere Welt haben.

Ist dies möglich? Kampf, Betrug und Unterdrückung haben uns in die Falle der gegenwärtigen Lage gelockt; jetzt brauchen wir die Schulung in neuen Übungen, um einen Weg herauszufinden. Es mag praxisfern und idealistisch erscheinen. Aber wir haben keine Alternative zu Mitgefühl, dem Erkennen menschlicher Werte und der Einheit der Menschheit: Das ist der einzige Weg, um dauerhaftes Glück zu erreichen. Ich reise von Land zu Land mit diesem Gefühl der Gleichheit und Einheit. Ich habe meinen Geist über Jahrzehnte geschult. Daher gibt es keine Barrieren, wenn ich Menschen verschiedener Kulturen treffe. Ich bin davon überzeugt, dass wir grundsätzlich alle gleich sind, trotz verschiedener Kulturen und unterschiedlicher politischer und wirtschaftlicher Systeme. Je mehr Menschen ich treffe, desto stärker wird meine Überzeugung, dass die Einheit der Menschheit, gestützt auf Verständnis und Respekt, eine realistische und lebensfähige Grundlage für unser Verhalten darstellt. Wohin ich auch immer gehe, ist es das, worüber ich spreche. Ich glaube, dass die Übung von Mitgefühl und Liebe – ein aufrichtiges Gefühl für Bruderschaft und Schwesternschaft – die allumfassende Religion ist. Es kommt nicht darauf an, ob Sie Buddhist, Christ, Moslem oder Hindu sind oder ob Sie überhaupt eine Religion ausüben. Worauf es ankommt, ist Ihr Gefühl der Verbundenheit mit der Menschheit.

Stimmen Sie dem zu? Glauben Sie, dass dies Unsinn ist? Ich bin kein Gottkönig, wie mich einige nennen. Ich bin nur ein buddhistischer Mönch. Was ich sage, kommt aus meiner eigenen Übung, die begrenzt ist. Ich versuche jedoch, diese Ideen in meinem täglichen Leben anzuwenden, besonders dann, wenn ich Problemen gegenüberstehe. Natürlich versage ich manchmal. Manchmal bin ich gereizt. Gelegentlich benutze ich schroffe Worte, aber wenn ich das tue, spüre ich sofort: „Oh, das ist falsch.“ Das spüre ich deswegen, weil ich die Übungen zu Liebe und Weisheit verinnerlicht habe, die den Kern dieses Buches ausmachen. Diese täglichen Übungen sind für mein eigenes Leben sehr nützlich und kostbar. Aus diesem Grunde teile ich sie mit Ihnen in dem Wissen, dass Sie und ich von gleichem Geist und Herzen sind.

Als ich gerade fünfzehn Jahre alt war, marschierten die chinesischen Kommunisten in Osttibet ein, und innerhalb eines Jahres beschloss die tibetische Regierung, dass ich Tibets Staatsgeschäfte leiten sollte. Es war eine schwierige Zeit: Wir mussten mit ansehen, wie unsere Freiheiten untergraben wurden, und 1959 wurde ich gezwungen, im Schutz der Nacht aus der Hauptstadt zu fliehen. Im indischen Exil standen wir täglichen Problemen gegenüber, welche von der Notwendigkeit, uns an das ganz andere Klima anzupassen, bis zur Notwendigkeit, unsere kulturellen Institutionen wiederherzustellen, reichten. Meine spirituelle Praxis vermittelte mir eine Einstellung, die es möglich machte, weiterhin nach Lösungen zu suchen, ohne den Blick für die Tatsache zu verlieren, dass wir alle Menschen sind, von falschen Ideen in die Irre geleitet und vereint durch gemeinsame Bande, bereit für Verbesserung.

Dies hat mich gelehrt, dass die Perspektiven von Mitgefühl, Ruhe und Verständnis unentbehrlich für das tägliche Leben sind und in der täglichen Übung kultiviert werden müssen. Schwierigkeiten kommen zwangsläufig. Daher ist es entscheidend, die richtige Haltung zu entwickeln. Ärger verringert unsere Fähigkeit, richtig von falsch zu unterscheiden, und diese Fähigkeit ist eine der höchsten menschlichen Eigenschaften. Wenn sie verloren geht, sind wir verloren. Manchmal ist es notwendig, nachdrücklich zu reagieren, doch das kann ohne Ärger getan werden. Ärger ist nicht notwendig. Er hat keinerlei Wert.

Ich bezeichne Mitgefühl als das globale Hauptnahrungsmittel. Menschen möchten Glück erreichen und Leid vermeiden. Geistiger Friede ist ein grundlegendes Bedürfnis für die gesamte Menschheit. Für Politiker, Ingenieure, Wissenschaftler, Hausfrauen und -männer, Doktoren, Lehrer und Rechtsanwälte – für alle Menschen, was immer ihr Bestreben ist – ist eine gesunde, mitfühlende Motivation die Grundlage für spirituelles Wachstum.

ÜBERBLICK ÜBER DAS BUCH

In den folgenden Kapiteln werde ich spezifische buddhistische Methoden und Übungen beschreiben, durch die geistiger Friede und eine größere Fähigkeit zum Mitgefühl erlangt werden können – durch die Überwindung dessen, was Buddhisten als falsche Anschauungen über die Existenzweise von Lebewesen und Dingen betrachten. Vom buddhistischen Standpunkt aus ist dies der Weg zur Erleuchtung. Allerdings kann jeder von bestimmten Schritten zur Selbstverbesserung Gebrauch machen, wie er oder sie dies für richtig hält.

Ich habe dieses Buch in sechs Teile geordnet. Es beginnt mit „Die Grundlagen". Darin dient die Lebensgeschichte des Buddha als Leitfaden für ein erfülltes Leben. Ich führe hier die drei Aspekte spiritueller Praxis ein: Ethik, konzentrierte Meditation und Weisheit. Sie sind die Hauptthemen dieses Buches. Im zweiten Teil, „Übung in Ethik", beschreibe ich zwei Arten von ethischem Verhalten: Die Neuausrichtung von körperlichen und sprachlichen Handlungen, um anderen nicht zu schaden, und die Kultivierung von tiefer Fürsorge für andere. Im dritten Teil, „Übung in konzentrierter Meditation", schildere ich, wie man sich in Stresssituationen geistig fokussieren und innere Ruhe wieder finden kann. Darauf folgt der Teil „Übung in Weisheit", der das schwierige, aber fruchtbare Thema des Entstehens in Abhängigkeit und der Leerheit behandelt. Hier steigen wir tiefer in die buddhistische Gedankenwelt ein, indem wir den Unterschied zwischen dem Geist und seiner letztendlichen Natur betrachten. Ich hoffe, in diesem vierten Teil jeglichen Eindruck ausräumen zu können, dass der Buddhismus irgendwie nihilistisch oder pessimistisch sei, indem ich die Vereinbarkeit von Erscheinung und Wirklichkeit beschreibe.

Die Darlegung von Ethik, einsgerichteter Meditation und Weisheit fließt dann in den fünften Teil, „Tantra", ein. Dort wird eine besondere Yoga-Übung dargestellt, die diese drei in sich vereinigt. Dort erörtere ich dann auch, wie erfahrene Praktizierende Begierde auf dem spirituellen Weg nutzen können.

Der Schlussteil, „Stufen auf dem Weg", zeigt eine Übersicht über den Übungsweg von seinen Anfängen bis hin zum Ziel der Erleuchtung, einem Zustand, in dem Körper und Geist vollständig entwickelt sind, um für andere von Nutzen zu sein.

Vom Anfang bis zum Ende liegt unser Schwerpunkt darauf, ein gutes Herz und einen guten Geist mittels einer moralisch integren Einstellung und einem Verständnis von Wirklichkeit, befähigt durch Konzentration, zu entwickeln. Wir können uns Ethik, konzentrierte

Meditation und Weisheit als einen Entwurf für die Erleuchtung vorstellen, der uns an das höchste Ziel jeder Übung erinnert – die Umwandlung von Einstellungen hin zu mehr Friedfertigkeit, Sanftheit, Mitgefühl, ruhiger Ausrichtung und Weisheit. Den Entwurf an sich zu verstehen, ist schon Bestandteil des Weges und lenkt uns in die Richtung des Zieles. Ich hoffe, dass Teile davon von Nutzen sein mögen. Falls das jedoch nicht der Fall sein sollte, so ist das auch in Ordnung.

TEIL EINS

DIE GRUNDLAGEN

ERSTES KAPITEL

Drei Wege der Übung

BUDDHAS ERLEUCHTUNG ALS VORBILD

Einige buddhistische Schulen nehmen an, dass Buddha Shakyamuni erst in Indien im sechsten Jahrhundert vor Christus durch die Ausübung des Weges die Erleuchtung erlangte. Andere Schulen nehmen jedoch an, dass Buddha Shakyamuni schon lange zuvor die Erleuchtung erlangt hatte und dass Buddha in seiner Inkarnation im sechsten Jahrhundert vor Christus lediglich den Weg aufzeigte. In Tibet vertreten wir den zweiten Standpunkt, und die Schüler lernen aus Buddhas Beispiel die Art der Übung, um selbst die Erleuchtung zu erlangen.

Auf jeden Fall müssen wir Folgendes feststellen:
- Buddha Shakyamuni wurde als Prinz in eine indische Königsfamilie und in ein Leben voller Vergnügungen geboren. Im Alter von 29 Jahren, nachdem er das Leiden in der Welt erkannt hatte, gab er seinen königlichen Rang auf, schnitt sich das Haar, verließ seine Familie, wurde Mönch und nahm den Verhaltenskodex der *Ethik* an.
- Während der folgenden sechs Jahre widmete er sich asketischer Meditation, um *konzentrierte Meditation* zu erlangen.
- Unter dem Bodhibaum in Bodhgaya wandte er schließlich spezielle Methoden zur Entwicklung von *Weisheit* an und erlangte die Erleuchtung. Er lehrte dann 45 Jahre lang und starb im Alter von 81 Jahren.

An Buddhas Lebensgeschichte können wir die drei Abschnitte der Übung erkennen: Zuerst kommt Ethik, dann konzentrierte Meditation und dann Weisheit. Und wir sehen, dass der Weg Zeit braucht.

STUFENWEISER WANDEL

Die Entwicklung des Geistes hängt von einer Unzahl innerer Ursachen und Voraussetzungen ab, genauso wie eine Raumstation von der Arbeit vieler Generationen von Wissenschaftlern abhängt, die deren kleinste Bauteile analysiert und überprüft haben. Weder eine Raumstation noch ein erleuchteter Geist kann innerhalb eines Tages verwirklicht werden. Ebenso müssen spirituelle Qualitäten durch eine große Vielzahl von Methoden entwickelt werden. Im Gegensatz zur Raumstation, an deren Konstruktion viele Menschen mitwirken, muss der Geist jedoch von Ihnen allein entwickelt werden. Es ist unmöglich, dass andere die Arbeit tun und Sie die Früchte ernten. Indem Sie den Entwurf eines anderen Menschen für geistigen Fortschritt lesen, werden dessen Verwirklichungen nicht automatisch auf Sie übertragen. Daran müssen Sie selbst arbeiten.

Eine Haltung von Mitgefühl zu kultivieren und Weisheit zu entwickeln, sind langsame Vorgänge. So wie Sie schrittweise Methoden zur Entwicklung von Ethik, Sammlung des Geistes und Weisheit verinnerlichen, werden ungezähmte Zustände des Geistes mehr und mehr abnehmen. Sie werden diese Methoden Tag für Tag und Jahr um Jahr anwenden müssen. So wie Sie Ihren Geist umwandeln, wird sich auch ihre Umgebung verwandeln. Andere werden den Nutzen Ihrer Übungen in Liebe und Toleranz erkennen und daran arbeiten, diese Übungen ebenfalls in ihr Leben zu integrieren.

DIE DREI ÜBUNGEN

Die Lehren Buddhas werden in drei Schriftsammlungen eingeteilt:
- Die Disziplin der Ethik.
- Die Lehrreden über konzentrierte Meditation.
- Das offenbarte Wissen, welches die Übung in Weisheit erklärt.

In jeder dieser Schriftsammlungen wird die Hauptübung beschrieben als außergewöhnlicher Zustand, der durch die Vereinigung von „ruhigem Verweilen“ (konzentrierter Meditation) und „besonderer

Einsicht“ (Weisheit) erzeugt wird. Um aber solch eine Vereinigung zu erreichen, müssen wir zuerst die Grundlagen legen, nämlich Ethik.

REIHENFOLGE DER ÜBUNGEN

Ethik, konzentrierte Meditation und Weisheit: Das ist die erforderliche Reihenfolge der Übungen. Die Gründe hierfür sind die Folgenden:

- Damit die Weisheit der besonderen Einsicht die Hindernisse für ein richtiges Verständnis entfernen und fehlerhafte geistige Zustände an deren Wurzel beseitigen kann, brauchen wir konzentrierte Meditation, einen Zustand vollständiger Einsgerichtetheit des Geistes, in dem jegliche innere Zerstreutheit aufgelöst worden ist. Andernfalls ist der Geist zu zersplittert. Ohne solch eine einsgerichtete, konzentrierte Meditation hat Weisheit keine Kraft, genauso wie eine Kerze, die im Windzug flackert, nicht viel Erleuchtung spendet. Daher muss konzentrierte Meditation der Weisheit vorausgehen.
- Einsgerichtete Meditation erfordert das Beseitigen von subtilen innerlichen Ablenkungen wie zum Beispiel, dass der Geist entweder zu entspannt oder zu angespannt ist. Um dies zu erreichen, müssen wir zuerst äußerliche Ablenkungen stoppen, indem wir uns in der Ethik der Achtsamkeit und Gewissenhaftigkeit in Bezug auf körperliche und sprachliche Handlungen üben – ein stetiges Gewahrsein dessen, was wir mit unserem Körper und unserer Rede tun. Ohne die Überwindung dieser offensichtlichen Ablenkungen ist es unmöglich, die subtileren inneren Ablenkungen zu überwinden. Da durch das Aufrechterhalten von Achtsamkeit ein ruhiges Verweilen des Geistes erreicht werden kann, muss die Übung in Ethik der Übung in konzentrierter Meditation vorausgehen.

Um aus eigener Erfahrung zu sprechen: Da ich die Mönchsgelübde abgelegt habe, musste ich mich weniger um äußerliche Vorschriften und Aktivitäten kümmern, was wiederum bedeutete, dass ich mich mehr auf spirituelle Studien konzentrieren konnte. Gelübde zur Eindämmung schädlicher körperlicher und sprachlicher Handlungen ließen mich achtsam auf mein Verhalten werden und bewegten mich dazu, zu untersuchen, was in meinem Geist vor sich ging. Das bedeutete, dass ich meinen Geist auch dann, wenn ich mich nicht absichtlich in konzentrierter Meditation übte, im Zaum halten musste, damit er nicht zu zerstreut wurde, und so wurde ich ständig in Richtung einsgerichteter, innerer Meditation gelenkt. Das Gelübde der Ethik diente zweifellos als Grundlage. Wenn wir die drei Übungen betrachten – Ethik, konzentrierte Meditation und Weisheit –, dann sehen wir, dass jede als Grundlage für die nächste dient. (Diese Reihenfolge der Übung wird klar an Buddhas eigener Lebensgeschichte veranschaulicht.) Daher basiert jeder spirituelle Fortschritt auf der Grundlage einer richtigen und angemessenen Ethik.

TEIL ZWEI

ÜBUNG IN ETHIK

ZWEITES KAPITEL

Das Ausmaß des Leidens erkennen

ÜBERSICHT
ÜBER DIE VERSCHIEDENEN ARTEN DER ETHIK

Die Grundregel buddhistischer Ethik ist, anderen zu helfen, und, falls das nicht möglich ist, ihnen zumindest nicht zu schaden. Diese grundsätzliche Verpflichtung zu Gewaltlosigkeit, motiviert durch ein aufrichtiges Interesse an anderen, ist der Kern der drei Arten der Ethik im Buddhismus:

- Die Ethik der persönlichen Befreiung (welche das Thema dieses Kapitels ist) besteht vor allem darin, dass wir körperliche und verbale Handlungen, die Schaden verursachen, unterlassen. Diese Übung wird „persönlich“ genannt, da sie einen Weg darstellt, mit dessen Hilfe eine Person aus dem sich wiederholenden Kreis von Geburt, Alter, Krankheit und Tod heraustreten kann, welchen Buddhisten den Daseinskreislauf (oder Samsara) nennen.
- Die Ethik der Fürsorge für andere – die „Ethik der Bodhisattvas“ (das sind Lebewesen, die in erster Linie damit beschäftigt sind, anderen zu helfen) – wird hauptsächlich dadurch ausgeübt, dass der Geist daran gehindert wird, in Selbstsucht zu verfallen. Für diejenigen, die sich in der Ethik der Bodhisattvas üben, liegt der wesentliche Punkt darin, der Selbstsucht zu entsagen, aber auch, sich schlechter Taten von Körper und Rede zu enthalten.
- Die Ethik des Tantra beinhaltet besondere Methoden, um sich einen vollständig entwickelten Zustand von Körper und Geist vorzustellen, um damit anderen wirkungsvoll helfen zu können. Dies stellt einen Weg dar, unsere eingeschränkte Sichtweise unseres Körpers und Geistes zurückzudrängen und dadurch so zu transzendieren, dass wir uns selbst als von Weisheit und Mitgefühl strahlend wahrnehmen und erkennen können.

Die Ausübung der Ethik der persönlichen Befreiung erfordert das Gewahrsein, das man braucht, um körperliche und verbale Handlungen, die anderen schaden, zu unterlassen, das heißt, das aufzugeben, was Buddhisten die zehn unheilsamen Handlungen nennen. Diese werden in drei Gruppen eingeteilt. Die körperlichen unheilsamen Handlungen sind Töten, Stehlen und sexuelles Fehlverhalten. Die verbalen unheilsamen Handlungen sind Lügen, entzweiende Rede (bzw. Zwietracht säen), verletzende Worte und sinnloses Geschwätz. Die geistigen unheilsamen Handlungen sind Habgier, Übelwollen und falsche Ansichten.

Da die Motivation allen Handlungen vorausgeht und sie antreibt, besteht die beste Art und Weise, impulsive und möglicherweise schädigende körperliche und verbale Handlungen zu verhindern, in der Kontrolle unserer Motivation. Wenn Sie plötzlich etwas haben wollen und einfach danach greifen, ohne die Folgen zu bedenken, dann drückt sich Ihr Verlangen impulsiv aus, ohne den Nutzen des Nachdenkens. In der täglichen Übung lernen Sie, immer wieder Ihre Motivation zu untersuchen.

Als ich ein Junge war, verhielt sich mein damaliger zweiter Privatlehrer, Ling Rinpoche, immer sehr streng. Er lächelte nie, nicht einmal ein bisschen. Das quälte mich sehr. Indem ich mich fragte, warum er so humorlos war, untersuchte ich mehr und mehr, was ich in meinem eigenen Geist anstellte. Das half mir, Gewahrsein im Hinblick auf meine Motivation zu üben. Nachdem ich herangereift war, zu Beginn meiner Zwanzigerjahre, veränderte sich Ling Rinpoche vollkommen. Er zeigte immer ein strahlendes Lächeln, wenn wir zusammen waren.

Erfolgreiche Übung in der Ethik der persönlichen Befreiung hängt von einer gesunden, langfristigen Motivation ab. Man sollte zum Beispiel nicht Mönch oder Nonne werden wollen, um weltlicher Arbeit für Essen und Kleidung aus dem Weg zu gehen. Ebenso ist es nicht ausreichend, lediglich Schwierigkeiten in diesem Leben vermeiden zu wollen. Von solchen oberflächlichen Absichten motiviert zu sein hilft nicht, Freiheit von zyklischer Existenz zu erlangen – was der letztendliche Grund für die Ausübung der Ethik der persönlichen Befreiung ist.

Dies wird durch die Lebensgeschichte Buddhas bestätigt. Eines Tages schlich sich Shakyamuni aus dem Palast, um für sich selbst das wirkliche Leben kennen zu lernen. Zum ersten Mal sah er einen Kranken, einen Alten und eine Leiche. Zutiefst beunruhigt über das Leiden von Krankheit, Alter und Tod kam er zu der Überzeugung, dass weltliches Leben ohne Bedeutung sei. Später, inspiriert von einigen religiös Praktizierenden, fesselte ihn die Möglichkeit eines höheren, bedeutungsvolleren, spirituellen Lebens. Da entfloh er dem Palast und ließ sein gewöhnliches Leben zurück, um dieses visionäre Ziel zu verfolgen.

Was lehrt uns diese Geschichte? Wie Buddha müssen wir anfangen, vom Leiden des Daseinskreislaufes betroffen zu werden und uns von vorübergehenden Ablenkungen abzuwenden. Von dieser neuen Einstellung geprägt, müssen wir einen ethischen Verhaltenskodex annehmen, indem wir dem Daseinskreislauf entsagen und Gelübde für ein makelloses Verhalten ablegen durch das Bestreben, die zehn unheilsamen Handlungen zu vermeiden.

DIE VIER EDLEN WAHRHEITEN

Um uns vom Daseinskreislauf zu befreien, brauchen wir ein Verständnis davon, wie dieser beschaffen ist. Wir müssen 1) die spezifischen Arten von Leiden kennen; 2) die Ursachen dieser Leiden aufdecken; 3) herausfinden, ob es möglich ist, diese Ursachen zu beseitigen; und dann 4) festlegen, was zu tun ist. Entsagung beinhaltet daher zumindest ein teilweises Verständnis der Vier Edlen Wahrheiten:

1. wahres Leiden,
2. wahre Ursprünge des Leidens,
3. wahre Beendigungen des Leiden und seiner Ursprünge,
4. wahre Wege, um die wahren Beendigungen zu verwirklichen.

Als Buddha zum ersten Mal zu lehren begann, lehrte er die Vier Edlen Wahrheiten in genau dieser Reihenfolge. Diese Reihenfolge zeigt jedoch nicht, wie diese Wahrheiten entstehen. In zeitlicher Abfolge geht die Zweite Wahrheit – die Ursprünge des Leidens – der Ersten – dem Leiden selbst – voraus. Gleichermaßen muss die Vierte Wahrheit (die Wege der Übung) der Verwirklichung der Dritten Wahrheit (Beendigung des Leidens) vorausgehen. Buddha lehrte die Vier Edlen Wahrheiten jedoch in der Reihenfolge der Übung, nicht in der Reihenfolge ihrer Entstehung.

Für unsere Übung müssen wir zuerst das Ausmaß des Leidens erkennen und erfahren, dass die Art, wie wir leben, von Elend und Not erfüllt ist. Dies verstärkt unseren natürlichen Wunsch, vom Leiden befreit zu werden. Wenn Sie das Leiden als das erkennen, was es ist, so wie Buddha es tat, dann werden Sie dahin gelenkt werden, seine Ursachen, die Ursprünge des Leidens, zu entdecken. So wie ein Arzt zuerst eine Krankheit diagnostizieren muss, so müssen Sie die Hauptursache des Leidens verstehen, bevor Sie es behandeln können. Solange Sie nicht die Ursprünge des Leidens herausgefunden haben, werden Sie nicht verstehen können, dass es ein Ende des Leidens geben kann. Ebenso könnten Sie die Ausübung dieses Weges lediglich als fruchtlose Härte betrachten, wenn Sie nicht zunächst wirklich verstehen, dass ein Ende des Leidens möglich ist. Dann können Sie nach den wahren Wegen für die Verwirklichung der wahren Beendigung suchen. Das ist der Grund, warum Buddha die Vier Edlen Wahrheiten in der gegebenen Reihenfolge der Übung präsentierte.

Ich werde hier die Erste Edle Wahrheit erläutern und die folgenden drei im dritten Kapitel.

DIE ERSTE EDLE WAHRHEIT: LEIDEN

Leiden ist wie eine Krankheit, die wir uns alle zugezogen haben. Um ein Heilmittel dagegen zu finden, müssen wir sorgfältig das ganze Ausmaß der Krankheit erkennen:

1) Schmerz, 2) Veränderung und 3) alles durchdringende Bedingtheit.

1. Eine Ebene von Leiden ist Schmerz an sich, den wir alle als solchen erkennen. Sogar Tiere streben danach, ihn zu überwinden. Die körperlichen und geistigen Qualen des täglichen Lebens, wie zum Beispiel Kopfschmerzen und die Angst vor Trennung, fallen in diese Gruppe.

2. Was wir normalerweise als Genuss und Freude empfinden, ist meist nur eine Verringerung von Schmerz. Falls gutes Essen und Trinken beispielsweise wirklich nur angenehm wären – falls sie von ihrer inneren Beschaffenheit her Genuss und Freude wären –, dann würden wir in gleichem Maße glücklicher und glücklicher werden, je mehr wir essen und trinken. Stattdessen beginnen wir, an Körper und Seele zu leiden, wenn wir uns übermäßig dem Genuss von Essen und Trinken hingeben. Das ist ein Hinweis darauf, dass diese Erlebnisse von Genuss und Freude die Natur von Schmerz haben. Ich erzähle gerne die Geschichte einer Familie, die einen neuen Fernsehapparat kauft. Im Vergleich zum alten ist der neue wirklich vorzüglich, und alle sehen tagelang fern. Aber schließlich wird es ihnen langweilig. Das beweist, dass die ursprüngliche Freude die Natur von Schmerz in sich trägt. Solche Zustände von vorübergehendem Glück werden das Leiden der Veränderung genannt.
3. Zusätzlich zu gewöhnlichem Schmerz und dem Leiden der Veränderung gibt es eine tiefere Ebene von Leiden, die das alles durchdringende Leiden bedingter Existenz genannt wird. Körper und Geist funktionieren unter dem Einfluss von Karma (Neigungen, die durch frühere Handlungen geschaffen wurden) und leidbringenden bzw. kontraproduktiven Gefühlen wie Begierde und Hass. Im normalen Leben werden wir aus dem und in den alles durchdringenden Einfluss von Karma und leidbringenden Gefühlen geboren. Sogar neutrale Gefühlszustände stehen unter dem Einfluss von Ursachen und Bedingungen, die außerhalb unserer Kontrolle sind – wir sitzen fest in einem Prozess, der anfällig für Leiden ist.

Der menschliche Zustand

Am Anfang unseres Lebens steht die Geburt, bei der wir leiden, und am Ende unseres Lebens steht der Tod, bei dem wir ebenso leiden. Zwischen diesen beiden stehen Alter und Krankheit. Wie reich und wie gesund wir auch sein mögen, wir haben keine andere Wahl, als diese Lebenssituationen zu durchleiden.

Zu allem hinzu kommt noch die Unzufriedenheit. Wir wollen mehr und mehr und mehr. Das ist, in gewisser Weise, wirkliche Armut –

immerzu hungrig und hungrig und hungrig zu sein, ohne ein bisschen Zeit zur Zufriedenheit. Andere mögen nicht reich sein, aber die Zufriedenheit stattet sie mit weniger Sorgen, weniger Feinden, weniger Problemen und sehr gutem Schlaf aus. Nicht nur einmal habe ich, als ich die eindrucksvollen Häuser reicher Leute besuchte, einen heimlichen Blick in den Medizinschrank im Badezimmer geworfen und darin Medizin gefunden, die entweder Energie am Tag spenden oder zu Schlaf in der Nacht verhelfen soll. Zufriedenheit könnte diese beiden Aufgaben besser erfüllen, da sie Angst und Sorge am Tag verringert, was dann den Weg für einen sanften Schlaf ebnet.

In der Hektik des modernen Lebens verlieren wir den wirklichen Wert des Menschseins aus den Augen. Die Menschen werden zur Gesamtsumme dessen, was sie produzieren. Menschliche Wesen verhalten sich wie Automaten, deren Zweckbestimmung es ist, Geld zu verdienen. Das ist vollkommen verkehrt. Der Zweck des Geldverdienens sollte das Glück der Menschen sein, und nicht umgekehrt. Wir brauchen Geld, um zu leben, daher ist Geld notwendig. Wir müssen aber auch erkennen, dass es in keiner Weise hilft, wenn wir zu sehr an unserem Wohlstand hängen – buddhistisch gesprochen: wenn zuviel Anhaftung an Wohlstand vorhanden ist. Die Heiligen Indiens und Tibets sagen uns, dass man umso mehr erleiden muss, je wohlhabender man wird. Sogar Freunde können Leiden verursachen. Normalerweise haben wir den Eindruck, dass Freunde uns zu mehr Vergnügen und Glück verhelfen, doch manchmal bringen sie uns mehr Schwierigkeiten. Heute zeigt Ihr Freund ein freundliches Lächeln, aber innerhalb kurzer Zeit kann das Gespräch mit ihm zur Auseinandersetzung werden und Sie fangen an, einander ohne eine Spur von Freundschaft zu bekämpfen. Wir gewinnen Glück und Zufriedenheit durch unsere Freunde, aber das ist nicht von Dauer. Es handelt sich nicht um wahres Glück. Auf tiefer Ebene hat gewöhnliche Freundschaft auch die Natur von Schmerz.

Schauen Sie sich Ihren Körper an. Es spielt keine Rolle, wie schön Sie aussehen oder wie wohlgeformt Ihre Figur ist – wenn Sie nur einen Tropfen Blut verlieren, dann sieht das alles plötzlich nicht mehr so gut aus. Schauen Sie tiefer: Unter der Haut befindet sich rohes Fleisch, und es finden sich Knochen. In der Gegenwart von Skeletten in einem Museum oder einem Krankenhaus fühlen sich die meisten von uns unbehaglich, aber unter der Oberfläche sehen wir alle so aus. Wenn ich einen Raum voller Menschen betrachte, mögen einige dick, andere dünn, wieder andere gut aussehend sein. Doch wenn ich sie mit einem Röntgengerät betrachte, dann sehe ich einen Raum voller Skelette mit großen Augenhöhlen. Das ist die wahre Natur unseres Körpers.

Lassen Sie uns die Freuden des Essens betrachten. Heute hatte ich ein köstliches Mahl. Als ich es aß, sah es einladend aus, doch als es meinen Magen und meine Gedärme passierte, hat es sich in etwas nicht mehr so Schönes verwandelt. Wenn wir essen, vermeiden wir es, wahrzunehmen, dass genau das geschieht, und wir finden Vergnügen an der Mahlzeit, indem wir denken: „Oh, dieses Essen ist wunderbar. Ich bin wirklich sehr zufrieden." Aber diese wunderbaren Speisen wandern durch unseren Körper und enden schließlich in der Toilette in einer Form, die niemand mehr als schön betrachtet. Dieses Zeug, das die meisten als äußerst schmutzig ansehen, wird in unserem menschlichen Körper produziert. In gewisser Hinsicht ist die Erzeugung von Stuhlgang eine der Hauptfunktionen unseres Körpers. Essen, arbeiten und Geld verdienen sind in sich selbst bedeutungslos. Eine noch so kleine Handlung des Mitgefühls jedoch verleiht unserem Leben Sinn und Bedeutung.

AUSDAUER UND HOFFNUNG

Analysieren Sie. Denken Sie nach, denken Sie nach, denken Sie nach. Wenn Sie dies tun, werden Sie feststellen, dass unsere gewöhnliche Art des Lebens beinahe bedeutungslos ist. Doch lassen Sie sich nicht entmutigen. Es wäre sehr dumm, jetzt aufzugeben. In den Momenten, in denen Sie sich am hoffnungslosesten fühlen, ist es notwendig, kraftvolle Anstrengungen zu unternehmen. Wir sind derart an fehlerhafte Geisteszustände gewöhnt, dass es schwierig ist, mit nur ein bisschen Übung eine Änderung herbeizuführen. Ein einziger Tropfen von etwas Süßem kann den Geschmack von etwas sehr Bitterem noch nicht verändern. Bei Misserfolgen müssen wir hartnäckig bleiben.

In schwierigen persönlichen Umständen besteht die beste Zuflucht darin, so ehrlich und aufrichtig zu sein wie möglich. Indem Sie barsch oder selbstsüchtig reagieren, verschlimmern Sie die Angelegenheit einfach nur. Das wird in schmerzhaften Familiensituationen besonders deutlich. Sie sollten erkennen, dass schwierige gegenwärtige Umstände vollständig von vergangenen unheilsamen Handlungen verursacht sind. Tun Sie daher Ihr Möglichstes, jetzt ein Verhalten zu vermeiden, das Ihre Last später nur erschweren wird.

Es ist wichtig, undisziplinierte Geisteszustände zu verringern. Es ist aber noch wichtiger, Missgeschick und Unglück mit einer positiven Einstellung zu begegnen. Denken Sie immer daran: Indem Sie Schwierigkeiten mit Optimismus und Hoffnung begrüßen und empfangen, untergraben Sie noch schlimmere Schwierigkeiten, die im weiteren Verlauf des Weges auf Sie warten. Darüber hinaus können Sie sich vorstellen, dass Sie die Last all derjenigen erleichtern, die an einem Problem ähnlicher Art leiden. Diese Übung ist sehr hilfreich – sich vorzustellen, dass man das negative Karma von allen aufbraucht, denen es beschieden ist, ähnliche Schmerzen zu erleiden. Manchmal, wenn ich krank bin, übe ich mich darin, das Leiden anderer auf mich zu nehmen und ihnen mein Potenzial für Glück zu schenken. Das verschafft mir sehr viel geistige Erleichterung und Hilfe.

Jeden Tag am frühen Morgen, und besonders wenn ich Zeit habe, führe ich diese Übung allgemein in Bezug auf alle Lebewesen durch. Aber ganz besonders wähle ich mir chinesische Machthaber und Beamte aus, die sofortige Entscheidungen treffen müssen, einzelne Tibeter zu foltern oder zu töten. Ich stelle sie mir vor und nehme dann ihre Unwissenheit, Voreingenommenheit, ihren Hass und ihren Stolz in mich auf. Selbst wenn ich tatsächlich einen Teil ihrer negativen Einstellungen in mich aufnehmen könnte, so spüre ich, dass dies, aufgrund meiner eigenen Schulung und Übung, mein Verhalten nicht beeinflussen und mich nicht in einen schlechten Menschen verwandeln würde. Daher ist es kein großes Problem für mich, ihre Negativitäten in mich aufzunehmen, und es verringert ihre Probleme. Ich tue dies mit solch starken Gefühlen, dass, wenn ich im Laufe des Tages in meinem Büro von ihren Gräueltaten höre, der Hauptteil meines Geistes immer noch unter dem Einfluss meiner morgendlichen Übung steht, auch wenn ein Teil meines Geistes ein wenig aufgewühlt und zornig ist. Die Intensität des Hasses ist bis zu dem Punkt vermindert, wo er nichtig wird.

Ob diese Meditation jenen Beamten nun wirklich hilft oder nicht, sie gibt mir dennoch geistigen Frieden und Ruhe. Der Nutzen ist gewaltig und unermesslich.

Unter keinen Umständen sollten Sie die Hoffnung verlieren. Hoffnungslosigkeit ist ein echter Grund für Misserfolg. Vergessen Sie nicht: Sie können jedes Problem überwinden. Bleiben Sie auch dann gelassen, wenn die äußere Umgebung verwirrt und verwickelt ist; das wird keine große Wirkung auf Sie haben, wenn Ihr Geist in Frieden ist. Wenn Ihr Geist jedoch dem Hass nachgibt, dann wird sich Ihnen geistiger Frieden entziehen, auch wenn die Welt friedlich und gemütlich ist.

ZUSAMMENFASSUNG FÜR DIE TÄGLICHE ÜBUNG

1. Untersuchen Sie Ihre Motivation, so oft Sie können. Bevor Sie morgens aus dem Bett aufstehen, entwickeln Sie eine gewaltlose, mitfühlende Perspektive für Ihren Tag. Untersuchen Sie abends, was Sie während des Tages getan haben.
2. Beobachten Sie, wie viel Leiden es in Ihrem eigenen Leben gibt:

- Es gibt körperliches und geistiges Leid, durch Krankheit, Alter und Tod verursacht, das Sie natürlich zu vermeiden suchen.
- Es gibt vorübergehende Erfahrungen wie der Genuss von gutem Essen, die aus sich heraus als angenehm erscheinen, die sich jedoch, wenn sie unaufhörlich genossen werden, in Leid verwandeln. Das ist das Leiden der Veränderung. Wenn eine Situation von Vergnügen zu Schmerz überwechselt, reflektieren Sie über die Tatsache, dass sich nun die tiefere Natur des ursprünglichen Vergnügens offenbart. Anhaftung an solche oberflächlichen Freuden wird nur noch mehr Leid verursachen.
- Denken Sie darüber nach, dass Sie gefangen sind in einem überall vorhandenen Prozess von Bedingungen, die, anstatt unter Ihrer Kontrolle zu sein, unter dem Einfluss von Karma und leidbringenden Emotionen stehen. Das ist das alles durchdringende Leiden bedingter Existenz.

3. Entwickeln Sie nach und nach eine tiefere und sachlichere Sichtweise des Körpers, indem Sie seine Bestandteile wie Haut, Blut, Fleisch, Knochen usw. mit in Betracht ziehen.
4. Untersuchen Sie Ihr Leben genau. Wenn Sie dies tun, wird es Ihnen schließlich schwer fallen, Ihr Leben zu missbrauchen, indem Sie wie ein Roboter werden oder indem Sie das Streben nach Geld für den Weg zum Glück halten.
5. Nehmen Sie eine positive Haltung gegenüber Schwierigkeiten ein. Stellen Sie sich vor, dass Sie, indem Sie eine schwierige Situation jetzt mit Würde durchstehen, auch schlimmere Konsequenzen von schlechten Handlungen verhindern, die Sie sonst in der Zukunft erleiden müssten. Nehmen Sie die Last all jener auf sich, die ähnliche Leiden durchstehen.
6. Bewerten Sie regelmäßig die möglichen positiven und negativen Auswirkungen von Gefühlen wie Lust, Zorn, Eifersucht und Hass. Wenn es offensichtlich wird, dass deren Auswirkungen sehr schädlich sind, fahren Sie in Ihrer Untersuchung fort. Ihre Überzeugung wird sich nach und nach verstärken. Wiederholtes Nachdenken über die Nachteile von Ärger beispielsweise wird bewirken, dass Sie erkennen, dass Ärger sinnlos ist. Diese Entschlossenheit wird Ihren Ärger schrittweise verringern.

DRITTES KAPITEL

Aufdecken, wie Schwierigkeiten anfangen und enden

DIE ZWEITE EDLE WAHRHEIT: URSPRÜNGE DES LEIDENS

Nachdem wir das Ausmaß des Leidens erkannt haben, müssen wir dessen Ursprünge ergründen, welche von zweierlei Art sind: leidbringende, oder kontraproduktive, Emotionen und befleckte Karmas (Handlungen).

Leidbringende Emotionen

Da leidbringende Emotionen zu befleckten Karmas oder Handlungen führen, werde ich diese zuerst erörtern. Es gibt zwei Klassen von leidbringenden Emotionen – eine, die man eher ausdrücken und die andere, die man besser nicht ausdrücken sollte. Ein Beispiel für die Erstere ist eine schreckliche Furcht aus der Vergangenheit, welche sich im Geist festgesetzt hat. In diesem Fall ist es zweifellos nützlich, dem Gefühl Ausdruck zu verleihen und über das Ereignis zu sprechen. Als ich ungefähr vierzehn Jahre alt war, hat mich der Regent, der damals mein erster Privatlehrer war, einmal während des Sommers im Norbulingka-Palast nach einer Belehrung, die er jedes Jahr gab, gescholten. In einer schroffen Haltung sagte er: „Auch wenn deine Verwirklichung der eines Gottes ebenbürtig ist, muss dein Verhalten dennoch dem eines menschlichen Wesens entsprechen." Ich war verletzt, da ich mich bereits wie ein gewöhnlicher Schüler, der ihm zuhörte, verhielt, obwohl ich der Dalai Lama war und im Rang über ihm stand. Ich war irritiert und fühlte mich während der nächsten Monate unwohl. Dann marschierten die Chinesen 1950 in Osttibet ein, und ich musste von Lhasa nach Tromo in Südwesttibet, nahe der Grenze zu Indien, fliehen. Nach einiger Zeit haben mir die Beamten in Lhasa geraten, zurückzukehren, da die Situation beeinflussbar erschien. Auf dem Weg zurück nach Lhasa haben wir einige Tage in Talungdra, dem Kloster des Regenten, verbracht. Eines Tages fragte er mich während einer ungezwungenen Unterhaltung, ob er mich jemals durch sein Verhalten aus der Fassung gebracht habe. Ich sagte ihm, etwas vage, ohne zu sehr ins Detail zu gehen, was passiert war. Was war das für eine Erleichterung! Wir hatten einen vergnüglichen weiteren Aufenthalt im Kloster.

Es ist besser, über solche Dinge, die nur einmal geschehen, zu reden, wohingegen man die andere Klasse von kontraproduktiven Emotionen, die Gefühle wie Lust, Hass, Feindseligkeit, Eifersucht und Streitsucht einschließen, besser nicht ausdrückt, da sie sonst immer mehr zunehmen. Indem man sie zum Ausdruck bringt, verbreiten sie sich und werden stärker. Es ist besser, über die Nachteile nachzudenken, die entstehen, wenn man sich auf solche Emotionen einlässt, und zu versuchen, sie durch Gefühle von Zufriedenheit und Liebe zu ersetzen. Wir sollten negative Emotionen, wenn sie in Erscheinung treten, kraftvoll überwinden. Noch besser wäre aber, Wege zu finden, wie wir ihnen zuvorkommen können.

Begierde und Hass rufen die anderen kontraproduktiven Emotionen hervor und erzeugen dadurch eine ganze Menge Schwierigkeiten in dieser Welt. Wir können uns nicht damit zufrieden geben, mit den Auswirkungen von Begierde und Hass zu leben. Von diesen beiden wirkt sich Hass schlimmer auf unmittelbarer Ebene aus, da er anderen so schnell Schaden zufügt. Jedoch ist Begierde dafür verantwortlich, den Prozess des Daseinskreislaufes – der wiederholten Abfolge von Geburt, Alter, Krankheit und Tod – von einem Leben zum nächsten voranzutreiben.

Die Wurzel von Begierde und Hass ist die Unwissenheit; Unwissenheit sowohl über die wahre Natur aller Lebewesen als auch über die Natur von unbelebten Dingen. Diese Unwissenheit ist nicht einfach ein Mangel an Wissen, sondern ein Bewusstsein, welches sich das genaue Gegenteil der Wahrheit vorstellt. Es missversteht das, was tatsächlich der

Fall ist. Es gibt viele Ebenen von falscher Erkenntnis, wie zum Beispiel die Unfähigkeit zu verstehen, was in der Übung anzunehmen und im täglichen Verhalten abzulegen ist. Aber hier sprechen wir über eine Unwissenheit, welche die Wurzel allen Leidens ist. Diese Unwissenheit besteht in der Ansicht, dass Lebewesen und andere Phänomene inhärent existierten, das heißt in und aus sich selbst heraus. Ich werde dieses schwierige Thema später noch in den Kapiteln 8, 9 und 10 besprechen.

Verunreinigte Karmas

Jegliche Freude und jegliches Leid hängt von Karmas bzw. früheren Handlungen ab, die Neigungen im Geist geschaffen haben. Handlungen kann man in tugendhafte und untugendhafte unterteilen, abhängig davon, ob sie auf lange Sicht Freude oder Leid hervorbringen. Falls sich eine Handlung zum Beispiel so auswirkt, dass sie ein neues Leben als Mensch hervorbringt, dann ist die Handlung tugendhaft, da ihre langfristige Auswirkung eine gute Wiedergeburt ist. Falls, im Gegensatz dazu, die Wirkung einer Handlung zu einer Wiedergeburt als Hungergeist führt, dann ist diese Handlung untugendhaft, da ihre langfristige Auswirkung eine schlechte Wiedergeburt ist.

Karmas, oder Handlungen, können auch unterteilt werden in solche, die den allgemeinen Entwurf eines neuen Lebens prägen, indem sie die Art der Wiedergeburt und auch die Länge des Lebens festlegen, sowie solche, welche die Details eines Lebens prägen, wie zum Beispiel den Wohlstand, die Gesundheit und so weiter. Die Ersteren werden „Handlungsweg" genannt, da diese Handlung, ob nun tugendhaft oder nicht, als Weg oder Mittel dient, um ein ganzes Leben in einer guten oder einer schlechten Wiedergeburt zu vollenden. Um ein „Handlungsweg" zu sein, muss eine Handlung mindestens vier Eigenschaften aufweisen: motivierende Absicht; korrektes Identifizieren der Person oder des Objektes der Handlung; angemessene Vorbereitung und erfolgreicher Abschluss. Manchmal kommen alle vier dieser Eigenschaften vor, wie zum Beispiel, wenn Sie beabsichtigen, einem Bettler etwas zu geben und dies dann auch tun. Manchmal ist nur die Absicht vorhanden, wenn Sie zum Beispiel dem Bettler etwas geben möchten, es aber dann nicht tun.

Oder es kann sein, dass Sie auf unbeabsichtigte Weise das Resultat herbeiführen, falls zum Beispiel etwas Geld durch ein Loch in Ihrer Hosentasche auf den Gehsteig fällt und ein Bettler es dann aufhebt. Handlungen, die nicht alle vier Eigenschaften aufweisen, könnten in die zweite Kategorie fallen, welche die Details eines Lebens ausfüllen.

Schließlich können Handlungen unterteilt werden in solche, die von Gruppen wie zum Beispiel Wohltätigkeitsvereinen ausgeführt werden und solche, die persönlich unternommen werden. Die Wirkungen von Handlungen können im selben Leben, im nächsten Leben oder in einem Leben danach erfahren werden. Kraftvolle tugendhafte oder untugendhafte Handlungen mit einer starken Absicht zu helfen oder zu schaden können ihre Wirkungen bereits während desselben Lebens hervorbringen.

Der Prozess des Sterbens

Um die Arten von Karma und die besonderen Charakteristika der höchsten Ebenen der Übung zu begreifen, müssen wir die Dynamik von drei Lebensabschnitten verstehen: den Prozess des Todes; den Zwischenzustand zwischen diesem und dem nächsten Leben und den Prozess der Wiedergeburt aus dem Zwischenzustand heraus. Die Übermittlung von Karmas von einem Leben zum nächsten geschieht während des Todes mittels eines sehr subtilen Geistes des klaren Lichtes. Obwohl diese tiefste Ebene des Geistes das ganze Leben hindurch vorhanden ist, offenbart sie sich während des Todes und wird daher oft in diesem Zusammenhang gelehrt.

Mehr hierüber können Sie in vielen Texten des Höchsten Yoga-Tantra, die von Buddha gelehrt wurden, wie zum Beispiel dem *Guhyasamaja-Tantra*, erfahren. Diese Texte beschreiben die vielen verschiedenen Ebenen des Bewusstseins, von den gröbsten bis zu den feinsten. Subtile Zustände des Geistes sind kraftvoller und wirkungsvoller, wenn sie in der spirituellen Übung angewandt werden. Die gröbste Ebene des Bewusstseins nimmt mithilfe der Augen, Ohren, Nase, Zunge und des Körpers wahr. Subtiler hingegen ist das geistige Bewusstsein. Dieses reicht seinerseits von groben Ebenen, wie zum Beispiel gewöhnlichen Gedanken, über tiefen Schlaf und in Ohnmacht fallen, wenn der Atem aufgehört hat, bis hin zum innersten subtilen Geist des klaren Lichtes. Von außergewöhnlichen meditativen Zuständen abgesehen, offenbart sich das subtilste oder tiefste Bewusstsein nur dann, wenn wir sterben. (Weniger zurückgezogene und daher kurze Varianten der subtilen Ebenen des Bewusstseins kommen auch dann vor, wenn wir schlafen gehen, am Ende eines Traumes, während des Niesens, Gähnens und während des Orgasmus. Diesen letzten Punkt werde ich im elften Kapitel besprechen.)

Im Prozess des Sterbens klingen die vier inneren Elemente nacheinander aus und lösen sich ineinander auf: Erde (die feste Substanz des Körpers), Wasser (die Körperflüssigkeiten), Feuer (Körperwärme) und Wind (Energie, Bewegung). Im gewöhnlichen Leben dienen diese Elemente als Grundlage für das Bewusstsein. Im Sterbeprozess nimmt jedoch ihre Fähigkeit ab, das Bewusstsein zu tragen, beginnend mit dem Erdelement. Jede Stufe in dieser Auflösung vergrößert dann die Fähigkeit des nächsten Elementes, das Bewusstsein zu tragen. Schritt für Schritt sieht das folgendermaßen aus:

1. Wenn sich das Element der Erde, oder die festen Substanzen Ihres Körpers, in das Wasserelement auflöst, wird dies auf der äußerlichen Ebene dadurch sichtbar, dass Ihr Körper dünner wird. Innerlich sehen Sie etwas, das wie eine Luftspiegelung in der Wüste aussieht.
2. Wenn sich das Wasserelement Ihres Körpers in das Element des Feuers auflöst, sind die äußerlichen Anzeichen dafür, dass die Flüssigkeiten in Ihrem Körper austrocknen. Ihr Mund wird trocken, die Nase wird runzlig und so weiter. Innerlich sehen Sie etwas, das als Rauch aus einem Kamin oder als Rauch, der durch ein Zimmer schwebt, beschrieben wurde.
3. Wenn sich das Feuerelement Ihres Körpers in das Luft- oder Windelement auflöst, ist das äußerliche Anzeichen, dass die Wärme in Ihrem Körper nachlässt. Innerlich sehen Sie etwas, das wie Glühwürmchen in der Nacht oder sprühende Funken aussieht. Die Wärme zieht sich auf zwei verschiedene Arten im Körper zusammen, entweder von den Füßen aufwärts zum Herzen hin oder vom Scheitel des Kopfes abwärts zum Herzen. Die erste Art ist vorzuziehen, weil sie darauf hinweist, dass der Geist den Körper entweder nach oben hin oder geradeaus nach

vorne gerichtet, und nicht nach unten, verlassen wird, was so höchstwahrscheinlich zu einem günstigen nächsten Leben führen wird. Dies wird von tugendhaftem Karma, d. h. heilsamen Handlungen verursacht.

4. Als Nächstes löst sich das Windelement, oder die Bewegung von Energie in Ihrem Körper, in Bewusstsein auf, und Ihr äußerer Atem bleibt stehen. Zu diesem Zeitpunkt sehen Sie eine Erscheinung wie das Licht oberhalb einer flackernden Kerzenflamme, die kurz vor dem Erlöschen ist. (Ärzte würden eine Person in diesem Zustand als tot ansehen. Vom buddhistischen Standpunkt aus jedoch bedeutet der bloße Stillstand des äußeren Atems noch nicht, dass das Bewusstsein den Körper bereits verlassen hat.) Dem flackernden Licht folgt die Erscheinung einer ruhigen Kerzenflamme.

Die letzten vier Stadien des Sterbens umfassen die Auflösung von gröberen in subtilere Bewusstseinsebenen. Dies geschieht, wenn sich die Winde oder inneren Energien auflösen, die als Träger für die Bewusstseinsebenen dienen. Stellen Sie sich das Bewusstsein vor, wie es von Energie getragen wird, genauso wie ein Reiter auf seinem Pferd sitzt und von ihm getragen wird. In Vorbereitung auf die nächste Phase lösen sich die Energien auf, die als Träger für die vielen Arten von begrifflichen Bewusstseinsarten gedient haben, womit sich die Grundlage des Bewusstseins von gröberen zu subtileren Ebenen der Energie verlagert. Von Natur aus findet dies in vier Phasen statt:

5. Ihr Geist selbst verwandelt sich in eine allgegenwärtige, riesige, leuchtend weiße, unermessliche Weite. Dies wird als klarer Himmel, von Mondlicht erfüllt, beschrieben – nicht als Mond, der im leeren Raum scheint, sondern als der unendliche Raum, angefüllt mit weißem Licht. Konzeptuelles Denken ist verschwunden, und nichts erscheint außer diesem leuchtenden Weiß, welches Ihr Bewusstsein ist. Ein subtiles Gefühl von Subjekt und Objekt bleibt jedoch zurück. Daher ist dieser Zustand ein ganz klein bisschen dualistisch.

6. Ihr Geist verwandelt sich in eine rote oder orangenfarbene unermessliche Weite, leuchtender als zuvor, und nichts anderes erscheint. Dies ist wie ein klarer Himmel, von Sonnenlicht erfüllt – nicht die Sonne, die im leeren Raum scheint, sondern der unendliche Raum an sich, angefüllt mit rotem oder orangefarbenem Licht. In diesem Zustand ist der Geist sogar noch weniger dualistisch.

7. Ihr Geist verwandelt sich in einen noch subtileren, leuchtend schwarzen Zustand. Nichts anderes tritt in Erscheinung. Dies wird Beinah-Verwirklichung genannt, weil Sie nun sehr nahe daran sind, den Geist des klaren Lichtes zu manifestieren. Der Geist der schwarzen unermesslichen Weite ist wie ein mondloser, ganz dunkler Himmel, unmittelbar nach Einbruch der Dunkelheit, wenn noch keine Sterne zu sehen sind. Zu Beginn dieser Phase sind Sie noch bewusst, doch während Sie dann in noch tiefere Dunkelheit versinken, verlieren Sie Ihr Bewusstsein.
8. Wenn der Geist der schwarzen Erscheinung aufhört, verwandelt sich Ihr Geist in den Geist des klaren Lichtes. Er wird der grundsätzlich angeborene Geist des klaren Lichtes genannt und ist die subtilste, tiefgründigste und mächtigste Ebene des Bewusstseins. Das ist wie der natürliche Zustand des Himmels in der Dämmerung (nicht Sonnenaufgang) – ohne Mondlicht, Sonnenlicht oder Dunkelheit.

Das Hindurchgehen bis zum Geist des klaren Lichtes kann schnell oder langsam vor sich gehen. Einige Menschen verweilen im letzten Stadium, dem Geist des klaren Lichtes, während des Todes nur für einige Minuten, andere verweilen darin bis zu einer oder zwei Wochen. Da der Geist des klaren Lichtes so mächtig ist, ist er sehr wertvoll für die spirituelle Übung. Daher üben viele tibetische Praktizierende diese Phasen des Sterbens tagtäglich ein. Ich selbst übe sie sechsmal täglich, indem ich mir die acht Ebenen des Geistes eine nach der anderen vorstelle (natürlich ohne die körperlichen Veränderungen auf den ersten vier Stufen). Die acht Ebenen des Geistes sind:

1. Fata Morgana,
2. Rauch,
3. Glühwürmchen,
4. Kerzenflamme,
5. leuchtend weißer Himmel,
6. leuchtend roter oder oranger Himmel,
7. leuchtend schwarzer Himmel,
8. klares Licht.

Wir können während des Sterbeprozesses erkennen, dass die Person immer noch im klaren Licht verweilt, wenn der Körper nicht zu riechen oder zu verwesen beginnt. Es gibt Tibeter, die gefoltert wurden und, nachdem sie in ihre Gefängniszelle zurückgebracht worden sind, im Lotussitz im Sterbeprozess sitzen und den Geist des klaren Lichtes aufrechterhalten. Wie berichtet wird, sind die chinesischen kommunistischen Gefängniswärter darüber sehr verblüfft. Vom Standpunkt ihres eigenen Dogmatismus aus betrachten sie den Buddhismus als blinden Glauben. Wenn sie solchen Beweisen gegenüberstehen, versuchen sie daher, Stillschweigen zu bewahren. Auch in Indien gibt es mehrere Praktizierende, die in diesem Zustand verweilten, manchmal für ein paar Tage und in einem Fall sogar für ungefähr siebzehn Tage. Wenn die Energie nicht mehr stabil ist und sich zu verändern beginnt, die diese tiefe Ebene des Geistes in einer Person stützt, die sich im Zustand des klaren Lichtes befindet, verlässt im gleichen Augenblick das Bewusstsein den Körper, und der Körper oder der Kopf verlagern sich ganz leicht.

Die verschiedenen Stufen des Todes ließen sich noch in vielfacher Hinsicht weiter untersuchen. Die moderne Wissenschaft hat sehr viel Forschungsarbeit auf dem Gebiet von Energiewellen, dem menschlichen Gehirn und seiner Funktionsweise betrieben. Wissenschaftler und Buddhisten haben ein gemeinsames Interesse auf diesem Gebiet, und ich glaube, dass wir zusammenarbeiten sollten, um die Beziehung zwischen dem Geist und seinen inneren Energien, aber auch zwischen dem Gehirn und dem Bewusstsein zu untersuchen. Buddhistische Erklärungen können einen Beitrag zur wissenschaftlichen Forschung leisten und umgekehrt. Diese Art von Zusammenarbeit findet bereits in kleinen Schritten statt, und mehr davon wäre hilfreich.

Der Zwischenzustand

Alle Lebewesen, die als Menschen wiedergeboren werden, gehen durch einen Zwischenzustand zwischen diesem und dem nächsten Leben hindurch. In diesem Zwischenzustand nimmt der Körper geistig eine Form an, die dem zukünftigen Körper im Alter von fünf oder sechs Jahren ähnlich sieht (obwohl einige sagen, dass dies nicht notwendigerweise der Fall ist). Wenn der Zwischenzustand aufhört, ist die Brücke zum nächsten Leben überschritten. Dieser Prozess wird von der subtilsten Ebene des Geistes getragen.

Der Prozess der Wiedergeburt

Während der Wiedergeburt tritt das Bewusstsein in den Schoß der Mutter ein, sobald sich der männliche Samen und das weibliche Ei verbinden – vorausgesetzt, dass im Schoß der Mutter und mit dem Samen des Vaters alles in Ordnung ist, und vorausgesetzt, dass alle begünstigenden Faktoren, wie zum Beispiel karmische Verbindungen, vorhanden sind. Dennoch muss das Bewusstsein nicht unbedingt zum Zeitpunkt der Vereinigung von Mann und Frau eintreten, da es in unseren Texten Beschreibungen darüber gibt, dass der Samen des Vaters unabhängig vom Geschlechtsverkehr in die Vagina eingeführt wird. Unabhängig davon, ob diese Elemente nun innerhalb oder außerhalb des Schoßes der Mutter zusammenkommen, wie es heute bei der In-Vitro-Befruchtung manchmal der Fall ist, scheint es, dass das Bewusstsein in dem Moment eintritt, in dem sie sich verbinden. Dennoch ist es schwierig, von den buddhistischen Texten her zu einer schlüssigen Erklärung zu kommen, da in einigen Büchern erwähnt wird, dass die Befruchtung dann stattfindet, wenn Mann und Frau im Augenblick starker Begierde sind.

Dieses komplexe Thema wird in der heutigen Zeit noch komplizierter. Denken Sie nur an einen Fall, in dem ein Embryo eingefroren wird. Würde das Wesen, dessen Embryo-Körper eingefroren wird, unter Kälte leiden müssen, wenn einmal die Verbindung vom alten zum neuen Leben durch die Befruchtung hergestellt wurde? Der Anfang des neuen Körpers wurde bereits geschaffen, und so hat sich, nach unseren Erklärungen, das Sinnesorgan der körperlichen Wahrnehmung bereits auf einfache Weise gebildet (auch wenn das für die Sinnesorgane des Sehens und so weiter noch nicht zutrifft). Gibt es direkt nach der Befruchtung bereits ein körperliches Empfindungsvermögen? In diesen Punkten bin ich noch zu keinem Entschluss gekommen; sie sind Gegenstand weiterer Erörterungen.

Falls wir annehmen, dass das Lebewesen im Embryo unter Kälte leidet, wirft das die Frage auf, ob die Person, die den Embryo in den Gefrierschrank stellt, durch diese Handlung schlechtes Karma ansammelt oder nicht. Dies würde jedoch von der Motivation dieser Person abhängen. Man kann nicht sagen, dass, nur weil ein anderes Wesen wegen irgendetwas, das irgendwie mit uns zusammenhängt, Leiden erdulden muss, wir deswegen schlechtes Karma anhäufen würden. Beispielsweise macht ein Fötus aufgrund seiner Lage im Bauch auch unter normalen Umständen Leiden durch, aber die Mutter häuft deswegen kein schlechtes Karma an. Entsprechend leidet das Kind, wenn es geboren wird, aber wiederum sammelt die Mutter kein schlechtes Karma an. (Wenn dies der Fall wäre, würde eine Mutter, die viele Kinder auf die Welt gebracht hat, sehr viel schlechtes Karma angesammelt haben, was absurd ist!) Daher ist die Motivation einer Person der Schlüssel, um herauszufinden, welche Art von Karma angesammelt wird.

DIE DRITTE EDLE WAHRHEIT: WAHRE BEENDIGUNGEN

Da die Verdunkelungen oder Befleckungen des Geistes wie zum Beispiel Begierde, Hass, Eifersucht und Streitsucht auf einem grundlegenden Missverständnis der Natur von Lebewesen und Dingen beruhen, benötigt man für den Prozess der Überwindung jener Befleckungen eine Auflösung dieser Unwissenheit. Die Frage stellt sich, wie wir diese Unwissenheit, welche die Ursache des Leidens ist, ausmerzen können. Sie kann nicht einfach wie ein Dorn herausgezogen oder durch eine Operation entfernt werden. Um dieses Missverständnis der Natur von Personen und Dingen zu überwinden, müssen Sie deren wahre Natur verstehen. Dann, mithilfe kontinuierlicher Meditation, gewöhnen Sie sich an die Wahrheit und vergrößern die Kraft der Weisheit, um negative Emotionen, die in der Unwissenheit wurzeln, zu schwächen.

An dieser Stelle wäre eine Erläuterung der Leerheit hilfreich, da es diese Leerheit ist, die mithilfe der Weisheit als die Natur von Lebewesen und Dingen erkannt wird. Dies wird im achten bis zehnten Kapitel näher erläutert werden. In Kürze lässt sich jedoch Folgendes sagen: Dass Befleckungen, wie zum Beispiel die leidbringenden Emotionen, überhaupt ausgelöscht werden können, liegt daran, dass der Geist nicht von

Natur aus unrein ist. Er hat eine reine Essenz. Befleckungen werden durch die Meditation über die wahre Natur sowohl des Geistes als auch aller anderen Phänomene gereinigt. Das Auslöschen dieser Befleckungen ist die Dritte Edle Wahrheit der Beendigung des Leidens – ein Zustand jenseits von Leiden und seinen Ursachen.

DIE VIERTE EDLE WAHRHEIT: WAHRE WEGE

Wahre Wege beziehen sich auf die drei Wege der Übung, welche die Hauptthemen dieses Buches sind: Ethik, konzentrierte Meditation und Weisheit. Spirituelle Übung entlang dieser Wege führt zu den wahren Beendigungen des Leidens und gipfelt im Nirvana und schließlich in der Buddhaschaft.

Seit anfangsloser Zeit haben wir ein gültiges Gewahrsein, oder Bewusstsein, von einem „Ich“. Es liegt in der Natur dieses „Ich“ oder Selbst begründet, dass es Glück erreichen und Leiden vermeiden möchte, und dieses Verlangen ist stichhaltig – es ist wahr, vernünftig und angemessen. Folglich haben wir alle das Recht, Glück zu erreichen und Leiden zu vermeiden. Die Tatsache, dass sich Leiden und Glück ihrerseits von Augenblick zu Augenblick verändern, lässt erkennen, dass diese Erfahrungen von Glück und Leiden abhängig von Ursachen und Wirkungen sind. Um uns vom Leiden zu befreien, müssen wir die Ursachen und Bedingungen des Leidens beseitigen, und um Glück zu erreichen, müssen wir die Ursachen und Bedingungen für Glück schaffen.

Die ersten Zwei Edlen Wahrheiten werden auf die unreinen Phänomene, die wir loswerden wollen, angewandt: wahre Leiden, welche die Wirkung sind, und wahre Ursprünge, welche die Ursachen sind. Die letzten Zwei Edlen Wahrheiten sind reine Zustände, die wir erreichen wollen: wahre Beendigungen, welche die Wirkung sind, und wahre Wege, welches die Ursachen sind. So wie Buddha die Vier Edlen

Wahrheiten gelehrt hat, enthalten diese zwei Sequenzen: eine Sequenz des Leidens, die wir versuchen aufzugeben, und eine Sequenz des Glücks, die wir versuchen anzunehmen.

ZUSAMMENFASSUNG FÜR DIE TÄGLICHE ÜBUNG

Nachdem Sie das Ausmaß des Leidens erkannt haben, untersuchen Sie die Ursachen oder Quellen des Leidens und erkennen Sie dann, dass dieser Ursprung des Leidens die Unwissenheit bezüglich der wahren Natur von Lebewesen und Dingen ist, was wiederum Begierde, Hass und so weiter zur Folge hat. Vergegenwärtigen Sie sich, dass Leiden beseitigt werden kann, dass es in die Sphäre der Wirklichkeit hinein aufgelöst werden kann. Denken Sie darüber nach, dass diese wahre Beendigung des Leidens durch die Übung von Ethik, konzentrierter Meditation und Weisheit – den wahren Wegen – erzielt werden kann.

VIERTES KAPITEL

Schädliche Handlungen unterlassen

Buddhisten geloben ethisches Verhalten und nehmen in Verbindung damit zuerst Zuflucht – zum Buddha, zum Zustand der Verwirklichung und zur spirituellen Gemeinschaft. Die Zuflucht ist das Fundament für die Übung in Ethik. Buddha lehrt uns, wie wir Zuflucht finden vom Leiden und von den Begrenzungen. Die hauptsächliche Zuflucht oder die Quelle des Schutzes liegt jedoch im Zustand der Verwirklichung, der wiederum durch die Übung von Ethik, konzentrierter Meditation und Weisheit erreicht wird.

Buddhistische Schriften empfehlen, dass wir unsere guten Qualitäten und Leistungen wie eine Lampe in einem Gefäß verbergen. Wir sollten sie nicht an die große Glocke hängen, es sei denn, es wäre großer Nutzen damit verbunden. Es wird als kleiner Verstoß gegen die Nonnen- und Mönchsgelübde angesehen, wenn eine Nonne oder ein Mönch den Zustand der Befreiung erreicht und zu jemand anderem sagt: „Ich habe die Befreiung erlangt." Daher ist es schwierig herauszufinden, welche Entwicklungsstufe innerer Erfahrung eine andere Person erreicht hat. Ich hatte die Gelegenheit, einige Menschen zu treffen, die ein außergewöhnliches spirituelles Wachstum erreicht hatten. Es gab unter ihnen einen nicht sehr gelehrten Mönch aus meinem Namgyal-Kloster, der um 1980 von Tibet nach Indien gekommen war. Da wir einander kannten, haben wir uns eines Tages ungezwungen unterhalten. Er erzählte mir, dass er einige Male drohender Gefahr gegenüberstand, während er fast achtzehn Jahre in einem chinesischen kommunistischen Gefangenen- und Arbeitslager verbrachte. Ich dachte zuerst, dass er auf eine Bedrohung seines eigenen Lebens hinwies. Als ich ihn jedoch fragte: „Was für eine Gefahr?", antwortete er: „Mein Mitgefühl mit den Chinesen zu verlieren." Das hielt er für die Gefahr! Die meisten von uns wären stolz darauf, anderen zu erzählen, wie böse wir wurden – als ob uns dies zu irgendeiner Art von Helden machen würde.

Ein Lama der Drukpa-Kagyu-Tradition und ich standen uns sehr nahe. Wir sahen uns häufig und scherzten gewöhnlich miteinander, indem wir uns gegenseitig ein wenig hänselten. Einmal habe ich mich nach seiner spirituellen Erfahrung erkundigt. Er erzählte mir, wie er, als er noch jung war, bei seinem Lama wohnte, der ihn die vorbereitende Übung von einhunderttausend Niederwerfungen zum Buddha, der Lehre und der spirituellen Gemeinschaft ausführen ließ. Früh am Morgen und spät am Abend musste er die Niederwerfungen in der vollen Länge seines Körpers auf einem niedrigen Podest machen. Sein Lama meditierte im Dunkeln des Zimmers nebenan. Um seinen Lama zu täuschen und zu der Annahme zu verleiten, dass er die Niederwerfungen wirklich ausführe, klopfte er mit seinen Fingerknöcheln leicht auf das Niederwerfungspodest. Jahre später, nachdem sein Lehrer gestorben war, führte er eine Meditationsklausur in einer Höhle durch, in deren Verlauf er sich der großen Güte des Lamas erinnerte, der ihn über Jahre hinweg ausgebildet hatte, woraufhin er weinte und weinte. Er fiel dabei beinahe in Ohnmacht, erlebte aber dann das klare Licht, worin er sich ununterbrochen übte. Später, nach erfolgreichen Meditationen, erinnerte er sich hin und wieder in lebhaften Bildern an vergangene Leben.

Diese Erzählungen aus erster Hand inspirierten mich. Es gibt heutzutage zweifellos Praktizierende, die sich in Richtung Buddhaschaft bewegen. Solchen Menschen zu begegnen verstärkt unsere Inspiration und Entschlossenheit, und durch Menschen wie sie erwachen die Lehren zu neuem Leben. Auf diese Art und Weise dienen sie als Vorbild, an denen sich die Übenden orientieren können, was helfen kann, uns zur Zuflucht zu führen.

Diese drei – Buddha; der Zustand der Verwirklichung und die Lehren, die diesen Zustand zum Inhalt haben; und die spirituelle Gemeinschaft – sind Faktoren außerhalb von uns, die momentan ein größeres Vermögen als wir selbst haben, Leiden zu beenden. Ein Buddhist bittet diese Drei aber nicht um die Gewährung von Glück. Vielmehr entsteht Glück dadurch, dass wir die Lehre in die Praxis umsetzen. Buddha lehrt uns die eigentliche Zuflucht – wie wir uns in der Lehre üben sollten – aber die Hauptverantwortung liegt bei uns in unserer eigenen Ausführung der Lehre. Um das Fundament für einen spirituellen Zustand zu legen, der letztlich frei von Leiden und Begrenzungen ist, müssen wir uns auf die folgende Übung einlassen:

1. Identifizieren Sie die zehn Untugenden (siehe Seite 31).
2. Identifizieren Sie die zehn Tugenden (welche das genaue Gegenteil der zehn Untugenden sind).
3. Geben Sie die Ersteren auf und nehmen Sie die Letzteren an.

GRADE DER ÜBUNG IN DER ETHIK PERSÖNLICHER BEFREIUNG

Da die Menschen unterschiedlich sind in ihrer Fähigkeit, Gelübde einzuhalten, hat Buddha verschiedene Grade der ethischen Übung beschrieben. Innerhalb der Ethik der persönlichen Befreiung gibt es:

- Menschen, die ein Leben in einer Familie oder in einem Haushalt führen, die zu Hause statt in einem Kloster leben und
- Menschen, die das Leben in einer Familie oder in einem Haushalt hinter sich gelassen haben und Nonnen oder Mönche geworden sind.

Falls es Ihnen möglich ist, ein Leben lang in Keuschheit zu leben, können Sie Ihr Zuhause verlassen und die Mönchs- oder Nonnengelübde ablegen. Falls Sie sexuelle Enthaltsamkeit nicht aufrechterhalten können, können Sie bestimmte Laiengelübde ablegen, die ein ganzes lang Leben dauern, oder andere, die nur einen Tag dauern.

DER NUTZEN DER ETHIK

Wir können viele Ähnlichkeiten im klösterlichen Leben aller Religionen finden: Einfachheit, Hingabe im Gebet und der Meditation und der Dienst an anderen. Der christliche Klerus ist besonders dem Dienst am Nächsten auf den Gebieten der Erziehung, Gesundheit und Sozialhilfe verpflichtet, und buddhistische Nonnen und Mönche können viel von diesen christlichen Traditionen lernen.

Die Übung in der Ethik persönlicher Befreiung, ob die eines Laien, einer Nonne oder eines Mönches, führt zu Zufriedenheit. Buddhistische Nonnen und Mönche halten sich beispielsweise beim Essen zurück: ein kleines Frühstück, dann ein Mittagessen und danach nichts mehr. Sie haben kein Recht zu fordern: „Ich möchte dieses oder jenes essen.“ Was immer ihnen auf ihren täglichen Bettelrunden gegeben wird, müssen sie akzeptieren. Sie sind nicht notwendigerweise Vegetarier. Was immer ihnen gegeben wird, essen sie. Das ist die Übung in der Zufriedenheit, was das *Essen* anbelangt. Es lindert die Sorge, dass man gerne dieses oder jenes essen möchte. Laienpraktizierende können dieser Übung nacheifern, indem sie nicht auf einer besonderen Speise bestehen. Auch wenn Sie reich sind, können Sie deswegen nicht viel mehr zu sich nehmen als arme Menschen, außer zu Ihrem eigenen Schaden. Reiche und arme Menschen haben den gleichen Magen.

In Bezug auf Kleidung dürfen buddhistische Nonnen und Mönche nur zwei Garnituren an Roben besitzen. Um mehr zu besitzen, muss sie oder er die Erlaubnis einer anderen Nonne oder eines anderen Mönches bekommen und sich daran erinnern, dass die zusätzliche Robe auch der anderen Person gehört. Wir Mönche und Nonnen dürfen keine teuren Kleidungsstücke tragen. Vor dem Überfall der chinesischen Kommunisten in Tibet trugen Mönche und Nonnen manchmal jedoch luxuriöse Kleidung, was Korruption und Selbstbetrug gleichkam. (In gewisser Hinsicht waren die kommunistischen Chinesen gütig, dass sie diese Korruptheit zerstört haben!) Diese Einschränkungen sind die Übung in Bezug auf *Kleidung.* Laienpraktizierende können eine ähnliche Übung auf sich nehmen, indem sie Maß halten, was Kleidung betrifft. Das Gleiche trifft auf Schmuck zu. Mehr als ein Ring an jedem Finger ist zweifellos zu viel!

Es ist ein Fehler zu denken, dass es sich wirklich lohne, mehr Geld für Essen, Kleidung und Schmuck auszugeben, nur weil man mehr Geld hat. Es wäre besser, wenn man stattdessen mehr Geld für die Erziehung und die Gesundheit armer Menschen ausgäbe. Das wäre kein aufgezwungener Sozialismus, sondern freiwilliges Mitgefühl.

Für Mönche und Nonnen ist es ebenso erforderlich, mit hinreichender Unterkunft zufrieden zu sein. Eine elegante eigene Wohnung ist nicht gestattet. Dies nennt man die Zufriedenheit in Bezug auf die *Unterkunft.* Laienpraktizierende können sich hierin üben, indem sie das niemals enden wollende Streben nach einem besseren Eigenheim und den Möbeln und Ausstattungen darin beschränken.

Untersuchen Sie Ihre Haltung gegenüber Essen, Kleidung und Unterkunft. Indem Sie die Erwartungen zurückschrauben, fördern Sie Ihre Zufriedenheit. Die zusätzliche Energie, die dadurch frei wird, sollte der Meditation und der Überwindung von Problemen gewidmet werden gemäß der Vierten und Dritten Edlen Wahrheit. Auf diese Weise bildet Zufriedenheit die Grundlage, und die daraus resultierende Handlung wird *Gefallen an der Meditation und am Verzicht* genannt.

Da materielle Angelegenheiten natürlichen Beschränkungen unterliegen, sollten wir darin Zufriedenheit üben, jedoch nicht auf spirituellem Gebiet, das grenzenlos erweitert werden kann. Es ist zwar möglich, dass ein unzufriedener Mensch, der die ganze Welt besitzt, sich wünschen könnte, ein Touristenzentrum auf dem Mond zu besitzen. Doch das Leben dieses einzelnen Menschen ist begrenzt, und auch die Menge dessen, was man besitzen kann, ist begrenzt. Daher ist es besser, gleich von Anfang an zufrieden zu sein. In Bezug auf Mitgefühl und Nächstenliebe jedoch gibt es keine Grenzen, und daher sollte man nicht mit dem zufrieden sein, was man auf diesem Gebiet erreicht hat. Bei uns ist jedoch genau das Gegenteil der Fall: Auf spirituellem Gebiet sind wir zufrieden mit ein bisschen Übung und ein wenig Fortschritt, aber auf materiellem Gebiet möchten wir immer mehr und mehr. Es sollte genau umgekehrt sein. Und das muss jeder, ob Laie oder Mönch/Nonne, für sich selbst üben.

Die Übung in der Ethik persönlicher Befreiung unterstützt auch das Anwachsen von Achtsamkeit und Introspektion. Wenn eine ordinierte Person im Begriff ist, gewisse Handlungen auszuführen, und sei es in einem Traum, erkennt sie: „Ich bin eine Nonne/ein Mönch. Ich sollte mich nicht in dieser Weise verhalten." Achtsamkeit kommt aus einem stark entwickelten Bewusstsein für die eigenen körperlichen und verbalen Handlungen, was sich auch auf die Traumwelt überträgt. Wenn man dem eigenen Verhalten beim Essen, Kommen und Gehen, Stehen und Sitzen und so weiter sehr genau Beachtung schenkt, dann schlagen die Bedingungen für Achtsamkeit kräftige Wurzeln.

Die Übung in der Ethik persönlicher Befreiung begünstigt auch Toleranz und Geduld. Buddha sagte, dass die höchste Form von Askese die Geduld sei und dass man durch sie Nirvana erreichen kann. Mönche und Nonnen sollten vier Qualitäten von Geduld und Toleranz aufrechterhalten:

- Wenn Sie herumgeschubst werden, sollten Sie dennoch tolerant und geduldig sein.
- Wenn jemand Ihnen gegenüber zornig ist, sollten Sie darauf nicht mit Zorn reagieren.
- Wenn Sie jemand schlägt, sollten Sie nicht zurückschlagen.
- Wenn Sie jemand in eine peinliche Lage bringt und Sie beleidigt, sollten Sie sich nicht wehren.

Diese Übungen verstärken die Geduld. Jemand, der seine Familie oder sein Zuhause verlassen hat, aber jemand anderem Schaden zufügt, verhält sich nicht richtig. Es gibt Geschichten von Mönchen in Tibet, die sogar in den Krieg gezogen sind! Sie haben sich in den Kampf gestürzt trotz der wiederholten Lehren Buddhas, dass es sicherlich nicht tugendhaft für einen Mönch oder eine Nonne ist, jemand anderem zu schaden.

Spirituelle Übung dreht sich nicht um Äußerlichkeiten – Essen, Kleidung oder Ähnliches. Spirituelle Übung findet in unserem Herzen, in unserem Geist statt. „Wirklicher Wandel findet im Inneren statt. Belass das Äußere so, wie es ist." Falls unser Verhalten wirklich einen weiterentwickelten Geist und ein gütigeres Herz widerspiegelt, ist das gut. Falls wir jedoch nur unsere spirituellen Talente zur Schau stellen, um damit Geld zu verdienen, so ist das Heuchelei und Betrug.

Buddhismus zu praktizieren heißt, die eigene Einstellung zu transformieren. Die Übungen von Nonnen und Mönchen können in das Leben eines Laien integriert werden durch den bewussten und starken Wunsch, anderen weder körperlich noch sprachlich zu schaden. Dazu braucht man Geduld, die auch körperlichen und verbalen Angriffen standhalten kann. Ein stufenweises Vorgehen ist dabei viel besser, als wenn man versucht, zu schnell zu hoch zu springen. Es besteht sonst ein hohes Risiko und große Gefahr. Tragen Sie zunächst zum Wohlergehen der Gesellschaft bei und praktizieren Sie die Lehren. Sobald Sie eine bestimmte Entwicklungsstufe von Erfahrung erreicht haben, können Sie mit größerer Kraft praktizieren, wenn Sie Mönch oder Nonne werden. Diese Übungen bauen stufenweise aufeinander auf.

Mein Rat für Anfänger ist gewöhnlich der, geduldig zu sein. Haben Sie weniger Erwartungen an sich selbst. Es ist am wichtigsten, ein ehrlicher Bürger und ein gutes Mitglied der menschlichen Gemeinschaft zu sein. Ob Sie tiefgründige Konzepte verstehen oder nicht, es ist wichtig, ein guter Mensch zu sein, egal, wo Sie sich gerade befinden. Man sollte nicht ein größeres Ziel um eines kleineren Zieles willen vernachlässigen. Ziehen Sie sowohl die Gegenwart als auch eine lange Sicht in Betracht, genauso wie vorübergehender ökonomischer Nutzen in Bezug auf die langfristigen Bedürfnisse der Umwelt betrachtet werden sollte.

Ich möchte sagen, dass die Essenz der Lehren Buddhas in zwei Sätzen zu finden ist:

> Hilf anderen, falls möglich.
> Falls das nicht möglich ist, füge zumindest niemandem Schaden zu.

Davon Abstand zu nehmen, anderen zu schaden, ist die Essenz des Anfangsstadiums, die Lehren der Ethik zu leben.

ZUSAMMENFASSUNG FÜR DIE TÄGLICHE ÜBUNG

1. Beobachten Sie Ihre Anhaftung an Essen, Kleidung und Unterkunft, und wenden Sie die Übungen von Nonnen und Mönchen für Geduld im Leben als Laie an. Seien Sie mit angemessener Nahrung, Kleidung und Unterkunft zufrieden. Nutzen Sie die frei gewordene Zeit zur Meditation, sodass Sie mehr Probleme überwinden können.
2. Entwickeln Sie den starken Wunsch, davon Abstand zu nehmen, anderen zu schaden, egal ob man Sie nun in Verlegenheit bringt, beleidigt, demütigt, umherstößt oder schlägt.

FÜNFTES KAPITEL

Hilfe gewähren

Mit der Übung, niemandem zu schaden als Fundament können wir jetzt Fürsorge für andere entwickeln. Zuerst haben wir durch die Ethik persönlicher Befreiung gelernt, Ärger und dergleichen unter Kontrolle zu bringen, und nun können wir beginnen zu lernen, wie man anderen Trost spendet und ihnen dient. Die Übungen, die im zweiten, dritten und vierten Kapitel beschrieben wurden – nämlich die zehn unheilsamen Handlungen aufgeben; mithilfe der Vier Edlen Wahrheiten das Ausmaß und den Prozess des Leidens sowie den Ausweg daraus erkennen und die klösterliche Zurückhaltung gegenüber vergänglichen Freuden als Laie praktizieren –, schaffen alle notwendigen Voraussetzungen für die zweite Stufe, welche wir die Ethik des Großen Fahrzeuges nennen. Hier geht es nicht nur darum, anderen nicht zu schaden, sondern wir tragen Verantwortung dafür, ihnen zu helfen. Anderen nicht zu schaden, ist eine defensive Übung, wohingegen der Schritt, ihnen zu helfen, ein aktiver ist.

Buddha lehrt drei Stufen der Ethik: die Ethik persönlicher Befreiung, die Ethik der Fürsorge für andere und die Ethik des Tantra. Anderen zu helfen ist die Lehre des Großen Fahrzeuges, die Essenz der zweiten Stufe. Sie wird auch die Ethik eines Bodhisattva genannt und ist der Gegenstand dieses Kapitels.

DER WERT SCHWIERIGER UMSTÄNDE

Wie können wir diese Einstellung des Interesses an anderen kultivieren? Der wichtigste Schritt in die Richtung, sich an der Fürsorge für andere zu orientieren, besteht darin, die eigene Wichtigkeit im Vergleich zu anderen zu betrachten. Eine Übung, die von Indien nach Tibet gekommen ist, beinhaltet, dass man zuerst eine gemeinsame Grundlage findet, die wir mit anderen teilen (sich mit anderen gleichstellen), und dann unsere „Ichbezogenheit“ gegen die „Bezogenheit auf andere“ austauscht. Der indische Gelehrte und Yogi Shantideva erklärt diese Übung des Sich-Gleichstellens und des Austausches von Selbst und Anderen ausführlich in seinem Text *Eintritt in das Leben zur Erleuchtung*, und viele Tibeter haben Kommentare zu diesem Text geschrieben.

Wirkliches Mitgefühl dehnt sich zu jedem einzelnen Lebewesen hin aus, nicht nur zu Freunden und Familienangehörigen oder jenen, die sich in furchtbaren Situationen befinden. Um die Übung des Mitgefühls in seinem vollen Ausmaß zu entwickeln, muss man sich in Geduld üben. Shantideva sagt uns, dass, wenn die Übung in Geduld wirklich unser Herz berührt und Veränderungen bewirkt, wir anfangen werden, unsere Feinde als unsere besten Freunde, ja sogar als spirituelle Lehrer zu sehen.

Feinde liefern uns die allerbesten Möglichkeiten, um Geduld, Toleranz und Mitgefühl zu üben. Shantideva führt viele wunderbare Beispiele dafür an in Form von Dialogen zwischen positiven und negativen Aspekten des eigenen Geistes. Seine Reflexionen über Mitgefühl und Geduld sind für meine eigene Übung sehr nützlich gewesen. Sie zu lesen kann den Geist vollkommen umwandeln. Im Folgenden ein Beispiel:

> Für jemanden, der sich in Liebe und Mitgefühl übt, ist ein Feind einer der wichtigsten Lehrer. Ohne einen Feind können wir uns nicht in Toleranz üben, und ohne Toleranz können wir keine solide Grundlage für Mitgefühl aufbauen. Um Mitgefühl zu üben, ist es daher *notwendig*, dass wir einen Feind haben.
>
> Wenn du deinem Feind gegenüberstehst, der im Begriff ist, dich zu verletzen, dann ist das die beste Zeit, Toleranz zu üben. Daher ist ein Feind die Ursache für die Übung in Toleranz. Toleranz ist die Wirkung oder das Ergebnis eines Feindes. Daher sind Feind und Toleranz wie Ursache und Wirkung. Es wird gesagt: „Wenn etwas [hier: Toleranz] aus einem Ding [hier: Feind] entsteht, dann kann man dieses Ding [den Feind], woraus es [Toleranz] entsteht, nicht als etwas Schädigendes betrachten. Vielmehr hilft es [der Feind] bei der Herstellung der Wirkung.“

Betrachtungen dieser Art können dabei helfen, große Geduld zu entwickeln, welche wiederum kraftvolles Mitgefühl entstehen lässt. Gewöhnliches Mitgefühl und gewöhnliche Liebe werden durch Begierde oder Anhaftung begrenzt.

Wenn unser Leben unbeschwert ist und alles reibungslos läuft, dann können wir uns leicht etwas vormachen. Wenn wir jedoch wirklich verzweifelten und ausweglosen Situationen gegenüberstehen, gibt es keine Zeit mehr für Heuchelei, und wir müssen uns mit der Wirklichkeit auseinandersetzen. Schwierige Zeiten lassen uns Entschlossenheit und innere Stärke entwickeln. Durch sie können wir auch dahin gelangen, die Nutzlosigkeit von Ärger anzuerkennen. Anstatt zornig zu werden, können wir eine tiefe Fürsorge und Respekt für solche Unruhestifter in uns hegen, da sie uns, indem sie unangenehme Umstände schaffen, unschätzbare Gelegenheiten liefern, uns in Geduld und Toleranz zu üben.

Mein Leben fiel in keine glückliche Zeit. Ich musste viele schwierige Erfahrungen durchstehen, einschließlich des Verlustes meines Landes an die chinesischen kommunistischen Invasoren und der Versuche, unsere Kultur in benachbarten Ländern wieder herzustellen. Dennoch betrachte ich diese schwierigen Zeiten als die wichtigsten in meinem Leben. Durch sie habe ich viele neue Erfahrungen gewonnen und viel Neues dazugelernt – sie haben mich realistischer werden lassen. Als ich jung war und hoch über der Hauptstadt Lhasa im Potala-Palast lebte, schaute ich oft durch ein Teleskop auf das Leben der Stadt. Ich lernte auch viel vom Klatsch und Tratsch der Bodenfeger im Palast. Sie waren wie meine tägliche Zeitung und berichteten von Korruption, Skandalen und dem, was der Regent gerade tat. Ich war immer erfreut, zuzuhören, und sie waren stolz darauf, dem Dalai Lama zu erzählen, was in den Straßen vor sich ging. Die schlimmen Ereignisse, die nach der Invasion im Jahre 1950 stattfanden, zwangen mich dazu, mich direkt um Angelegenheiten zu kümmern, die andernfalls von mir fern gehalten worden wären. Als Resultat bevorzuge ich inzwischen ein Leben des sozialen Engagements in dieser Welt des Leidens.

Die Jahre nach dem Einmarsch der Chinesen waren die schwierigsten für mich. Ich versuchte, die Invasoren zufrieden zu stellen, damit sich die Lage nicht verschlechterte. Als eine kleine Delegation tibetischer Beamter ein Siebzehn-Punkte-Abkommen mit den Chinesen unterzeichnete, ohne meine oder die Zustimmung der Regierung, blieb uns keine andere Wahl, als zu versuchen, mit dem Abkommen zu arbeiten. Viele Tibeter waren voller Unmut gegen das Abkommen. Als sie jedoch ihren Widerspruch zum Ausdruck brachten, haben die Chinesen noch härter reagiert. Ich war zwischen den Fronten gefangen und versuchte, die Lage zu beruhigen. Die beiden amtierenden Premierminister beschwerten sich aus eigenem Antrieb bei der chinesischen Regierung über die Umstände, weshalb diese mich aufforderte, die beiden zu entlassen. Das waren die Probleme, denen ich mich täglich gegenüber sah, solange wir in Tibet waren. Wir konnten uns nicht darauf konzentrieren, unsere eigene Lage zu verbessern. Dennoch setzte ich ein Reformkomitee zur Verringerung übertriebener Zinsforderungen für Schulden und so weiter ein.

Gegen den Wunsch der Chinesen besuchte ich 1956 anlässlich der 2500-Jahr-Feier von Buddhas Geburt zum ersten Mal Indien. Als ich in Indien war, musste ich die schwierige Entscheidung treffen, ob ich nach Tibet zurückkehren sollte. Ich erhielt Nachrichten von offenen Revolten in Osttibet, und viele Beamte in Tibet rieten mir, nicht zurückzukehren. Aus Erfahrung wusste ich auch, dass Chinas Haltung härter werden würde, da es mehr militärische Macht entwickelte. Wir konnten sehen, dass es nicht viel Hoffnung gab, aber zu jener Zeit war es nicht klar, ob wir die volle Garantie für eine effektive Unterstützung von der Regierung Indiens oder eines anderen Landes hatten.

Am Ende entschieden wir uns, nach Tibet zurückzukehren. Doch nach meiner Flucht und der Massenflucht vieler Tibeter nach Indien im Jahre 1959 war die Lage einfacher geworden, da das Dilemma verschwunden war. Wir konnten unsere Energien darauf verwenden, ein gesundes Gemeinwesen mit moderner Erziehung für die jungen Menschen aufzubauen und zur gleichen Zeit unsere Traditionen zu bewahren, den Buddhismus zu studieren und zu praktizieren. Wir arbeiteten nun in einem Klima der Freiheit ohne Furcht.

Meine eigene Übung hat von dem Leben in großen Turbulenzen und Schwierigkeiten profitiert. Auch Sie können dahin kommen, die Härten, die sie erdulden müssen, als Vertiefung ihrer Übung zu sehen.

SICH SELBST UND ANDERE GLEICHSETZEN UND AUSTAUSCHEN

So wie Shantideva diese Übung erklärt, erkennen Sie zuerst, dass jedes einzelne andere Lebewesen Glück erreichen und Leid vermeiden möchte, genau wie Sie selbst. Auf dieser fundamentalen Ebene sind Sie und die anderen gleich. Wenn Sie dann bedenken, dass Sie nur eine einzige Person sind im Vergleich zur unbegrenzten Zahl der anderen fühlenden Wesen, begreifen Sie, dass es völlig lächerlich wäre, das Wohlergehen der anderen entweder zu vernachlässigen oder sie sogar für das eigene Vergnügen zu benutzen. Es wäre sehr viel vernünftiger, sich ihrem Nutzen zu widmen.

Wenn Sie die Lage auf diese Weise betrachten, wird es sehr klar. Egal, wie wichtig Sie selbst sind, Sie sind nur eine einzige Person. Sie haben das gleiche Recht, glücklich zu sein, wie alle anderen auch, aber der Unterschied ist der, dass Sie nur eine Person sind und die anderen viele. Das Glück einer einzigen Person zu verlieren ist wichtig, aber nicht so wichtig, wie das Glück von vielen anderen Menschen zu verlieren. Von diesem Standpunkt aus können Sie Mitgefühl, Liebe und Respekt für andere kultivieren.

Alle Menschen gehören gewissermaßen zu einer einzigen Familie. Es ist notwendig, dass wir die Einheit der Menschheit annehmen und Interesse und Fürsorge für alle zeigen – nicht nur für *meine* Familie oder *mein* Land oder *meinen* Kontinent. Wir müssen Interesse und Fürsorge für jedes Lebewesen zeigen, nicht nur für die wenigen, die uns ähnlich sehen. Unterschiede in Religion, Weltanschauung, Rasse, Wirtschaftssystem, Sozialsystem oder Regierung sind zweitrangig.

Auf kluge Art egoistisch sein

Setzen Sie die anderen an die erste Stelle, danach kommen Sie. Dies funktioniert sogar von einem egoistischen Standpunkt aus. Lassen Sie mich erklären, wie das möglich ist. Sie streben nach Glück und möchten kein Leiden. Wenn Sie anderen Menschen Güte, Freundlichkeit, Liebe und Respekt zeigen, werden diese in ähnlicher Weise darauf antworten.

Damit wird sich Ihr Glück vergrößern. Wenn Sie anderen Menschen Hass und Zorn entgegenbringen, werden diese ebenso reagieren, und Sie werden Ihr eigenes Glück verlieren. Daher sage ich, dass, wenn Sie egoistisch sind, Sie auf *kluge* Art egoistisch sein sollten. Gewöhnlicher Egoismus konzentriert sich nur auf die eigenen Bedürfnisse; wenn Sie aber auf kluge Art egoistisch sind, dann behandeln Sie andere genauso gut wie diejenigen, die Ihnen nahe stehen. Letzten Endes wird diese Strategie mehr Zufriedenheit und mehr Glück hervorbringen. Auch von einem egoistischen Standpunkt aus erzielen Sie so bessere Resultate, wenn Sie andere respektieren, ihnen dienen und Ihre Ichbezogenheit vermindern.

Wenn Sie sich um andere kümmern, wird Ihr eigenes Wohlergehen automatisch erfüllt. Betrachten Sie die Untugenden des Körpers und der Rede, welche die Ursachen für die Wiedergeburt in einer ungünstigen Situation darstellen. Jemand mit einer eingeengten Sichtweise vermeidet die Untugend des Tötens beispielsweise aus der Motivation heraus, kein schlechtes Karma anzuhäufen, welches im Geist einen Eindruck hinterlässt. Ein Mensch mit einer etwas weiteren Perspektive vermeidet Töten mit dem Gedanken, dass diese Untugend eine günstige Wiedergeburt verhindern würde in einem Leben, in dem die Übung zur Überwindung des ganzen Existenzkreislaufes fortgeführt werden könnte. Selbstlose Menschen jedoch betrachten das Leben anderer als genauso bedeutend wie ihr eigenes und vermeiden das Töten aus dem Wunsch heraus, das Leben anderer zu beschützen. Diese Wertschätzung anderer stellt einen großen Unterschied dar in der Kraft der Motivation, vom Töten Abstand zu nehmen. Diejenigen, deren Motivation ichbezogen ist, könnten denken, dass sie, auch wenn sie eine solche schlechte Tat ausführten, ihre Schuld bekennen und ihr Karma „aufbessern“ könnten, wohingegen jemand, der das Leben eines anderen Menschen hoch schätzt, sich um das Leiden des anderen Sorgen macht und weiß, dass es jenem Menschen nicht helfen würde, wenn er den Mord beichten würde. Das Gleiche trifft auf Diebstahl, Ehebruch, Lügen, entzweiende Rede, verletzende Worte und, wie ich glaube, sogar auf sinnloses Geschwätz zu.

Ein anderer Grund, warum Fürsorge für andere so wertvoll ist, besteht darin, dass sie unsere eigene Lage in einen größeren Zusammenhang stellt. Einmal war ich besonders traurig über die Lage in Tibet, aber dann habe ich mich daran erinnert, dass ich die Bodhisattva-Gelübde abgelegt habe und dass ich täglich über Shantidevas Gebet reflektierte:

> Solange der Raum besteht
> Und solange es Lebewesen gibt,
> Solange möchte auch ich dableiben,
> Um all ihr Leiden lindern zu helfen.

Sobald ich mich daran erinnert hatte, verschwand sofort das ganze Gefühl der Last, als ob schwere, drückende Kleidung von mir abgenommen worden wäre. Die Verpflichtung zu Nächstenliebe und Uneigennützigkeit mindert einige Ursachen für Niedergeschlagenheit, indem sie diese Ursachen in einen größeren Zusammenhang stellt. Solche Ursachen für Niedergeschlagenheit sollten uns nicht entmutigen. Die meisten eigenen Schwierigkeiten, Sorgen und Trauer in diesem Leben entstammen der Selbstsucht. Wie oben erwähnt, ist es nicht schlecht, auf kluge Art egoistisch zu sein, aber kurzsichtige Eigennützigkeit, die sich nur an sofortiger Befriedigung orientiert, ist kontraproduktiv. Eine eingeengte Perspektive macht selbst ein kleines Problem unerträglich. Indem wir Interesse an allen fühlenden Wesen haben, weitet sich unser Blickfeld, und wir werden realistischer. Auf diese Weise hilft eine uneigennützige Einstellung dabei, unseren eigenen Schmerz schon jetzt zu lindern.

Es ist mein aufrichtiger Wunsch, dass Sie sich in Liebe und Mitgefühl üben, ob Sie nun an eine Religion glauben oder nicht. Indem Sie sich darin üben, werden Sie den Wert von Mitgefühl, Güte und Freundlichkeit für den Frieden in Ihrem eigenen Herzen erkennen. Auch wenn Sie vielleicht nicht um andere besorgt sind, sorgen Sie sich schließlich doch sicher um sich selbst – daran besteht kein Zweifel. Und so liegt es in Ihrem eigenen Interesse, ein friedvolles Herz und ein glücklicheres tägliches Leben zu erreichen. Wenn Sie sich in mehr Güte, Freundlichkeit und Toleranz üben, werden Sie mehr Frieden finden. Es ist nicht nötig, sich neue Möbel für Ihr Haus zu kaufen oder in eine neue Wohnung zu ziehen. Ihr Nachbar mag sehr laut oder schwierig sein, aber solange Ihr eigener Geist und Ihr Herz ruhig und friedlich sind, werden Nachbarn Sie nicht sonderlich stören. Wenn Sie jedoch allgemein leicht reizbar sind, können Sie auch dann nicht richtig glücklich werden, wenn Ihre besten Freunde zu Besuch kommen. Wenn Sie ruhig und gelassen sind, kann noch nicht einmal Ihr Feind Sie stören.

Das ist der Grund, warum ich sage, dass es besser für Sie ist, auf kluge Art und Weise egoistisch zu sein, wenn Sie wirklich egoistisch sein wollen. Denn so können Sie Ihr Streben nach eigenem Glück erfüllen. Das ist viel besser, als wenn man egozentrisch oder auf dumme Weise egoistisch ist, womit man keinen Erfolg haben wird.

Visualisation in fünf Schritten

Die folgende Anleitung zur Visualisation ist sehr hilfreich für die tägliche Übung.

1. Sie bleiben ruhig, gelassen und vernünftig.
2. Stellen Sie sich vor Ihnen zur Rechten eine Variante von Ihnen als soliden Klumpen egoistischer Selbstsucht vor: die Art von Mensch, die alles daran setzen würde, ein Bedürfnis zu befriedigen.
3. Stellen Sie sich vor Ihnen zur Linken eine Gruppe armer Menschen vor, mit denen Sie nicht verwandt sind, Notleidende, Bedürftige und Leidende eingeschlossen.
4. Betrachten Sie die beiden Seiten gelassen und unvoreingenommen. Überlegen Sie sich: „Beide Seiten möchten Glück. Beide möchten sich vom Leiden befreien. Beide haben das Recht, diese Ziele zu verwirklichen."
5. Bedenken Sie Folgendes: Oft arbeiten wir hart und lange für ein besseres Einkommen, oder wir geben eine Menge Geld aus in der Hoffnung, mehr zurückzubekommen. Wir sind bereit, vorübergehende Opfer zu bringen für einen langfristigen Ertrag. Mit der gleichen Logik hat es sehr viel Sinn, wenn ein einzelner Mensch Opfer bringt für ein übergeordnetes Wohl. Auf ganz natürliche Weise wird Ihr Geist der Seite mit der größeren Anzahl leidender Menschen den Vorrang geben.

Betrachten Sie, als unvoreingenommener Beobachter, Ihr eigenes egoistisches Selbst zu Ihrer Rechten, wie es das Wohlergehen von so vielen vernachlässigt, egal welche schrecklichen Leiden diese zu erdulden haben. Es ist einfach nicht gut, sich so zu verhalten. Obwohl beide Seiten, die Sie sich vorstellen, das gleiche Recht auf Glück haben, ist es unmöglich, dem überwältigenden Bedürfnis der größeren Anzahl auszuweichen. Der springende Punkt ist der, dass Sie selbst anderen Wesen dienen und helfen müssen.

Diese geistige Haltung ist unbestreitbar schwierig; wenn Sie sie aber mit großer Entschlossenheit üben, dann wird sich Ihr Geist über die Jahre hinweg verwandeln und verbessern. Mitte der Sechzigerjahre gab ich eine Belehrung über Tsongkhapas *Stufen auf dem Weg zur Erleuchtung*, bei der ich erwähnte, dass ich einen langen Urlaub einlegen würde, sobald ich die erste Stufe der wahren Beendigung von leidbringenden Emotionen erreicht hätte. So dachte ich wirklich. Obwohl ich Altruismus bewunderte, dachte ich, dass er zu schwierig zu entwickeln sei. Um 1967 erhielt ich dann von dem Kagyu-Lama Kunu Tenzin Gyaltsen eine Belehrung zu Shantidevas *Eintritt in das Leben zur Erleuchtung* und begann, mehr über die Bedeutung dieses Textes nachzudenken, ebenso wie über Nagarjunas *Kostbaren Kranz.* Schließlich entwickelte ich etwas mehr Zutrauen, dass ich mit genügend Zeit diesen hohen Grad an Mitgefühl erreichen könnte. Und nun, seit etwa 1970, weine ich jedes Mal, wenn ich am Morgen über Nächstenliebe und Uneigennützigkeit nachdenke. So findet Umwandlung statt. Ich behaupte nicht, einen hohen Grad an Altruismus entwickelt zu haben, aber ich bin zuversichtlich, dass ich dazu in der Lage bin. Auch wenn Ihre Erfahrung von altruistischem Streben bescheiden ist, wird sie Ihnen dennoch zu einem gewissen Grad geistige Ruhe schenken. Interesse und Fürsorge für andere zu entwickeln, hat eine unermessliche Kraft, unseren Geist umzuwandeln. Wenn wir uns im Mitgefühl für alle Lebewesen üben, einschließlich der Tiere, dann wird uns der ebenso grenzenlose Verdienst zukommen.

UNSERE VERANTWORTUNG KLAR ERKENNEN

Auch wenn Sie sich momentan noch nicht auf die Ebene aufschwingen können, andere höher als sich selbst zu schätzen, können Sie zumindest damit beginnen, zu erkennen, dass es nicht richtig ist, andere zu vernachlässigen. Wir haben einen menschlichen Körper und die Kraft menschlichen Urteilsvermögens. Doch wenn wir diese nur für unsere eigennützigen Zwecke benutzen und nicht für das Wohl der anderen, dann sind wir nicht besser als die Tiere. In der Tat arbeiten Ameisen, nur um ein Beispiel zu nennen, selbstlos für das Gemeinwohl. Wir Menschen sehen manchmal im Vergleich dazu nicht sehr gut aus. Wir sind angeblich höher entwickelte Wesen, und so müssen wir uns unserem höheren Selbst entsprechend verhalten.

Wenn wir uns die Weltgeschichte betrachten, sind die meisten großen Tragödien, die einen furchtbaren Verlust von Menschenleben nach sich zogen, von Menschen ausgelöst worden. Es sind Menschen, die den Schlamassel anrichten. Heutzutage leben Millionen von Menschen in ständiger Furcht vor Rassen-, ethnischen oder wirtschaftlichen Konflikten. Wer ist für diese Furcht verantwortlich? Nicht die Tiere. Kriege führen auch zum Tod unzähliger Tiere, doch das kümmert uns nicht. Wir sind vollständig mit uns selbst beschäftigt. Es wird viel darüber geredet, Kriege zu beenden, aber wir müssen über unser Wunschdenken hinausgehen. Wo bleibt der Wert unseres Menschseins, wenn wir, ohne Mitgefühl zu zeigen, ohne Fürsorge zu zeigen, einfach nur Tiere töten und essen und Tausende von Menschen bekämpfen und töten? Es ist unsere Verantwortung, dieses Durcheinander in Ordnung zu bringen.

Heutzutage ist das Fernsehen eines der effektivsten Kommunikationsmittel. Menschen, die für das Fernsehen arbeiten und sich in der edlen Gesinnung der Fürsorge für andere üben möchten, könnten einen wesentlichen Beitrag leisten. Auch wenn Lust- und Mordgeschichten spannende Unterhaltung bieten, üben sie dennoch einen schlechten Einfluss auf den Geist aus. Wir brauchen diese Art von Unterhaltung nicht die ganze Zeit – aber das geht mich wahrscheinlich gar nichts an!

Wir müssen unsere Kinder in der Übung des Mitgefühls erziehen. Eltern und Lehrer können Kindern echte und warmherzige menschliche Werte vermitteln, was einen sehr großen Nutzen bringen wird. Ich las in einer Zeitung, dass eine Spielwarenfirma, die normalerweise Spielzeuggewehre herstellt, die Herstellung dieser Gewehre zu Weihnachten bewusst ausgesetzt hat. Was für eine wunderbare Idee! Welch uneigennützige Handlung!

DEN ENTSCHLUSS FASSEN, DIE ERLEUCHTUNG ZU ERLANGEN

Wenn Sie an den Punkt gekommen sind, wirklich alles in Ihrer Macht Stehende tun zu wollen, um das Leiden zu lindern und seine Ursachen auszumerzen und um allen Lebewesen zu helfen, Glück und seine Ursachen zu erreichen, dann denken Sie darüber nach, wie dies bewirkt werden kann. Es kann nur bewirkt werden, wenn andere Menschen auch dahin kommen, zu verstehen, wie das funktioniert und dann diese Übungen umsetzen. Daher kann Ihre Verpflichtung zum höchsten Wohlergehen anderer Lebewesen am besten dadurch unterstützt werden, diese zu lehren, worin man sich übt und welches Verhalten aufgegeben werden sollte, sodass sie ihrerseits in die Lage kommen, Glück erreichen und Leid vermeiden zu können. Es gibt keinen anderen Weg. Damit dies geschehen kann, müssen Sie selbst die inneren Veranlagungen und Interessen der anderen kennen und wissen, was ihnen beizubringen ist.

Folglich sollten Sie bestens vorbereitet sein, um anderen zu helfen. Worin besteht diese Vorbereitung? Sie müssen in Ihrem Geist alle Hindernisse beseitigen, die dem im Wege stehen, dass Sie alles wissen, was man wissen kann. Was mitfühlende Übende – Bodhisattvas genannt – wirklich wünschen, ist nicht nur die Überwindung der Hindernisse, die ihrer eigenen Befreiung im Wege stehen. Sie möchten den Weg freimachen zur Allwissenheit, sodass sie die Neigungen anderer Menschen direkt verstehen können und erkennen, welche Techniken diesen helfen werden. Falls es nur eine Frage der Vorliebe wäre, würden Bodhisattvas es vorziehen, zuerst die Hindernisse für die Allwissenheit zu beseitigen. Allerdings bilden die leidbringenden Emotionen, die uns im Daseinskreislauf gefangen halten, die Hindernisse für die Allwissenheit. Dies sind Neigungen in unserem Geist, welche die Phänomene so *erscheinen* lassen, als ob sie inhärent existent wären. Ohne zuerst die wichtigste leidbringende Emotion – die Unwissenheit, die an inhärente Existenz *glaubt* – zu überwinden, können Sie die Neigungen, die diese Unwissenheit im Geist abgelagert hat, nicht überwinden. Durch Beseitigen sowohl der leidbringenden Hindernisse als auch der durch sie gebildeten Neigungen können Sie Ihr Bewusstsein in das allwissende Bewusstsein eines Buddha, die vollkommene Erleuchtung, umwandeln.

Lassen Sie mich zusammenfassen: Um das vollständige Glück anderer zu bewirken, ist es notwendig, selbst erleuchtet zu werden. Wenn wir dies verstehen und beschließen, ihretwegen die Erleuchtung zu erlangen, wird das die altruistische Absicht, Erleuchtung zu erlangen, bzw. Bodhicitta genannt. Indem wir Shantidevas Übung folgen und uns selbst wie andere gleichermaßen nach Glück streben sehen und dann das Gewicht von unseren eigenen Zielen zu den Zielen der unendlich vielen anderen verlagern, können wir die Kraft von Bodhicitta in uns entwickeln.

Es gibt drei verschiedene Arten von altruistischer Einstellung, die man in drei verschiedenen Typen von Menschen finden kann. Die erste Art ist die eines Königs, der zuerst Buddhaschaft erlangen möchte als die wirksamste Methode, anderen Lebewesen zu helfen. Die zweite Art ist die eines Fährmanns, der wünscht, zusammen mit allen anderen Lebewesen das jenseitige Ufer der Erleuchtung zu erreichen. Die dritte Art ist die eines Hirten, der wünscht, dass alle anderen zuerst, vor der eigenen Erleuchtung, diese erlangen mögen.

Die beiden letzten Vergleiche weisen nur auf die mitfühlende Haltung eines bestimmten Charaktertyps von Übenden hin. In Wirklichkeit gibt es den Fall des Fährmanns, dass alle gleichzeitig, oder den des Hirten, dass alle vor einem selbst die Erleuchtung erreichen, gar nicht. Vielmehr kommt die Erleuchtung immer auf die erste Art, der eines Königs, da Bodhisattvas sich schließlich dafür entscheiden, so schnell wie möglich erleuchtet zu werden, damit sie anderen in unermesslichem Ausmaß wirkungsvoller helfen können. Der tibetische Weise Sakya Pandita sagt in seiner *Unterscheidung der drei Gelübde*, dass Bodhisattvas zwei Arten von Wunschgebeten haben: solche, die verwirklicht und solche, die nicht verwirklicht werden können. In Shantidevas *Eintritt in das Leben zur Erleuchtung* gibt es viele Beispiele für Wünsche, die eigentlich gar nicht erreicht werden können, die aber dazu beitragen, einen starken Willen und große Entschlusskraft zu entwickeln. Beispielsweise ist die Übung, das eigene Glück zu verschenken und das Leiden der anderen auf sich zu nehmen, nicht wirklich möglich, außer vielleicht bei kleineren Arten des Leidens. Genauso wie es der Sinn dieser Übung – obwohl eigentlich unrealistisch – ist, die Tapferkeit des Mitgefühls zu vergrößern, dienen die Vergleiche des Bootsführers und des Hirten dazu, darauf hinzuweisen, auf welch gewaltige und wirksame Weise Bodhisattvas sich wünschen, anderen zu helfen.

Lassen Sie mich ein Beispiel geben für solch eine Hingabe, die auf die Ebene tief greifender Erfahrung gebracht wurde. Es gab einen gelehrten Übenden im Kloster Drashikyil in der nordöstlichen Provinz Tibets, die Amdo genannt wird. 1950 sind die Chinesen dort einmarschiert und haben eintausend der dreitausend Mönche des Klosters verhaftet, und einhundert von ihnen wurden selektiert, um hingerichtet zu werden. Der gelehrte Übende war einer von ihnen. Als er zur Hinrichtungsstelle geführt und unmittelbar bevor er erschossen wurde, betete er:

> Mögen all die schlechten Taten, Hindernisse und Leiden
> der fühlenden Wesen,
> Jetzt im Augenblick, ohne Ausnahme, auf mich übertragen
> werden,
> Und mögen mein Glück und meine Verdienste anderen
> zukommen.
> Mögen alle Lebewesen von Glück erfüllt sein.

Nur wenige Augenblicke vor seiner Hinrichtung hatte er die spirituelle Gegenwärtigkeit, sich an die Übung zu erinnern, das Leiden anderer auf sich zu nehmen und das eigene Glück zu verschenken! Es ist einfach, über eine solche Übung zu sprechen, wenn alles glatt läuft. Er aber war imstande, diese Übung in seiner schwersten Stunde durchzuführen. Das ist ein deutlicher Hinweis auf spirituelle Verwirklichung, die durch lange Übung erworben worden ist.

Shantideva sagt in seinem *Eintritt in das Leben zur Erleuchtung*, dass, falls eine blinde Person einen Edelstein in einem Abfallhaufen fände, sie diesen inniglich wertschätzen würde. Falls wir, mitten im Abfallhaufen von Begierde, Hass und Unwissenheit – Emotionen, die unserem Geist und unserer Welt Leiden bringen –, eine mitfühlende Haltung entwickeln, sollten wir dies wie einen Edelstein wertschätzen. Diese kostbare Entdeckung kann uns Glück und wirklichen Frieden und

Gelassenheit bringen. Andere Möglichkeiten, wie zum Beispiel einen Urlaub zu machen, Medikamente oder Drogen zu nehmen, verschaffen nur vorübergehende Erleichterung. Eine disziplinierte Haltung von aufrichtigem Interesse an anderen, indem Sie andere höher schätzen als sich selbst, ist sowohl für Sie als auch für andere hilfreich. Sie schadet niemandem, weder kurzfristig noch auf lange Sicht. Mitgefühl ist ein unschätzbares Juwel.

Sorgen Sie sich zu jeder Zeit um andere. Falls Sie anderen nicht helfen können, schaden Sie ihnen nicht. Das ist die wesentliche Bedeutung der Übung in Ethik.

ZUSAMMENFASSUNG FÜR DIE TÄGLICHE ÜBUNG

Führen Sie täglich die Übung in fünf Schritten aus, die oben beschrieben wurde:

1. Bleiben Sie ruhig, gelassen und vernünftig.
2. Stellen Sie sich vor Ihnen zur Rechten eine egoistische und selbstsüchtige Variante von Ihnen vor.
3. Stellen Sie sich vor Ihnen zur Linken eine Gruppe armer Menschen vor, leidende Lebewesen, mit denen Sie nicht verwandt sind, weder Freunde, noch Feinde.
4. Beobachten Sie beide Seiten von einem ruhigen Standpunkt aus. Denken Sie nun: „Beide Seiten wollen Glück. Beide wollen sich von Leiden befreien. Beide haben das Recht, diese Ziele zu verwirklichen".
5. Bedenken Sie nun dies: „So, wie wir normalerweise bereit sind, vorübergehende Opfer für einen größeren langfristigen Nutzen zu bringen, genauso ist der Nutzen der großen Anzahl von leidenden Wesen zu meiner Linken sehr viel wichtiger als diese eine selbstsüchtige Person rechts vor mir." Nehmen Sie wahr, wie sich Ihr Geist auf natürliche Weise der Seite mit der größeren Anzahl an Menschen zuwendet.

SECHSTES KAPITEL

Erleuchtung anstreben

WARUM DIE ERLEUCHTUNG ERSTREBEN?

Mitgefühl ist der Schlüssel, um eine tiefere Ebene der Ethik zu erreichen. Doch wie können wir anderen helfen, wenn wir selbst einen Berg von falschen Einstellungen mit uns herumtragen? Wenn wir selbst in keiner besseren Lage sind, ist es schwierig für uns, anderen in dem großen Umfang zu helfen, den wir besprochen haben. Falls Sie zum Beispiel Menschen helfen wollen, die nicht lesen und schreiben können, dann müssen Sie die adäquate Ausbildung haben. Entsprechend ist es, wenn wir so vielen Lebewesen helfen wollen – dafür müssen wir die Buddhaschaft erlangen, denn ein Buddha besitzt all die Eigenschaften, die notwendig sind, um ihnen zu helfen: das Wissen über alle Methoden zur spirituellen Entwicklung sowie hellsichtige Kenntnis der Emotionen, Interessen, Veranlagungen der Lebewesen und so weiter. Wenn Sie durch die Übung des Mitgefühls dazu bewegt werden, Fürsorge für andere zu empfinden, ist die Zeit reif dafür, dass neue Werte Wurzeln fassen. Wir bereiten den Boden unseres Geistes für diese neuen Werte vor, indem wir uns dem Ritual zum Anstreben der Erleuchtung widmen.

Sie sind bereits mit den grundlegenden Eigenschaften ausgestattet, die für das Erreichen der vollständigen Erleuchtung notwendig sind. Konzentrieren Sie sich daher auf den Gedanken: „Ich werde die unübertroffene vollständige Erleuchtung erlangen, um den fühlenden Wesen überall im unendlichen Raum zu helfen." Nähren Sie diese Absicht, bis sie kraftvoll ist. Das Ritual, mit dessen Hilfe der Erleuchtungsgeist des Strebens entwickelt werden kann, ist in diesem Prozess von großem Nutzen.

Dieses Ritual, welches ein Bestandteil Ihrer täglichen Meditation werden sollte, beginnt mit sieben Schritten, gefolgt von einer besonderen Opfergabe. Diese Übungen verstärken die Kraft Ihrer Verdienste, was Sie wiederum mit größerer Gewissheit in Richtung Transformation führen wird. Mit diesen Methoden der Hingabe werden Sie Ihre Verpflichtung zu Mitgefühl verstärken. Wie Sie sehen werden, beinhalten alle diese Methoden, dass man jenen besonderen Wesen, die Mitgefühl lehren, Hingabe und Zuneigung entgegenbringt.

1. *Verehrung.* Stellen Sie sich Buddha Shakyamuni vor, von unzähligen Bodhisattvas umgeben, die den Himmelsraum vor Ihnen erfüllen, und bringen Sie Ihre Verehrung mit Ihrem Körper, Ihrer Rede und Ihrem Geist dar. Legen Sie Ihre Handflächen aneinander und fühlen Sie inniglich, wie Sie Zuflucht zu den Buddhas und Bodhisattvas nehmen. Sprechen Sie laut: „Verehrung und Hochachtung dem Buddha Shakyamuni und den Bodhisattvas."
2. *Opfergaben darbringen.* Breiten Sie Opfergaben aus, wie zum Beispiel Obst oder Räucherwerk. Stellen Sie sich alles vor, was geeignet wäre, als Gabe überreicht zu werden – ob Sie es nun besitzen oder nicht –, Ihren Körper, Ihren Besitz, Ihre Talente und Ihre eigenen Tugenden mit eingeschlossen. Stellen Sie sich dann vor, wie Sie diese in ihrer Gesamtheit den Buddhas und Bodhisattvas als Opfergabe darbringen.
3. *Offenlegen schlechter Taten.* Wir sind alle verantwortlich für unzählige schlechte Handlungen des Körpers, der Rede und des Geistes, motiviert durch ein Interesse zu schaden. Entwickeln Sie, in einer Gesinnung vollständigen Bekennens, ein Gefühl der Reue, diese Handlungen ausgeführt zu haben, so als ob sie durch diese Handlungen Gift zu sich genommen hätten. Entwickeln Sie ebenso die Absicht, diese Handlungen in Zukunft nicht mehr auszuführen, so als ob es Sie sonst Ihr Leben kosten könnte. Denken Sie: „Aus der Tiefe meines Herzens bekenne ich vor den Buddhas und Bodhisattvas alle schlechten Taten, die ich begangen habe." Die beste Art und Weise, schlechte Taten zu bereinigen, ist durch die Reue. Je größer Ihre Reue, desto größer ist Ihre Absicht, diese schlechten Handlungen in Zukunft nicht mehr zu wiederholen.

4. *Bewunderung.* Entwickeln Sie aus der Tiefe Ihres Herzens Freude über Ihre eigenen tugendhaften Handlungen und die anderer. Erfreuen Sie sich an den guten Dingen, die Sie in diesem Leben getan haben. Konzentrieren Sie sich auf bestimmte gute Taten wie beispielsweise das Spenden für Wohltätigkeitsvereine. Die Tatsache, dass Sie in diesem Leben einen menschlichen Körper und die Gelegenheit haben, sich in Uneigennützigkeit zu üben, ist ein Beweis für tugendhafte Handlungen in Ihren früheren Leben. Empfinden Sie daher auch Freude über diese Tugenden und sagen Sie sich selbst: „Da habe ich wirklich etwas Gutes getan." Verspüren Sie auch Freude über die Tugenden anderer, ob sie diese nun direkt erlebt haben oder nicht. Erfreuen Sie sich an den unerschöpflichen Tugenden und Vorzügen der Buddhas und Bodhisattvas über alle grenzenlosen Zeiten hinweg. Indem Sie große Freude verspüren an Ihren eigenen Tugenden und denen anderer, werden Sie verhindern, dass Sie Ihre eigenen tugendhaften Handlungen bereuen (indem Sie sich beispielsweise wünschen, dem Wohltätigkeitsverein besser doch nichts gegeben zu haben, da dies Ihr Bankkonto schrumpfen ließ), und Sie werden dadurch auch verhindern, dass Sie eifersüchtig werden auf die guten Taten anderer oder mit diesen in einen Konkurrenzkampf treten.

5. *Inständige Bitte.* Bitten Sie die Buddhas, welche die vollkommene Erleuchtung erlangt haben, die spirituelle Lehre aber noch nicht weiter vermitteln, dies zugunsten all derer zu tun, die leiden.

6. *Demütige Bitte.* Beten Sie zu den Buddhas, nicht ins Jenseits einzutreten. Das ist eine gezielte Bitte an Buddhas, die schon gelehrt haben und sich der Zeit ihres Sterbens nähern.

7. *Widmung.* Anstatt Ihre Übung der vorangegangenen Schritte in die Richtung zeitweiligen Glücks und Wohlergehens in diesem oder dem nächsten Leben zu lenken oder in die Richtung, nur aus dem Daseinskreislauf befreit werden zu wollen, widmen Sie Ihre Übung dem Erlangen der höchsten Erleuchtung. Denken Sie: „Mögen mir diese Handlungen dabei helfen, die vollständige und vollkommene Erleuchtung zum Wohle aller fühlenden Wesen zu erlangen."

Dann stellen Sie sich vor, dass das gesamte Weltensystem gereinigt worden ist, und bringen Sie es mit allen nur vorstellbaren Wundern den

Buddhas und Bodhisattvas als Geschenk dar. Diese besondere Opfergabe nährt das Mitgefühl, indem wir alle begehrenswerten Dinge jenen schenken, die Mitgefühl lehren.

SICH ZUR HILFE VERPFLICHTEN

Jetzt sind Sie bereit für das eigentliche Ritual zum Entwickeln des Erleuchtungsgeistes des Strebens zum Wohle der anderen. Das Ritual hat zwei Teile. Der erste Teil besteht im Rezitieren einer kurzen Zufluchtserklärung: „Bis ich Erleuchtung erreicht habe, nehme ich Zuflucht zum Buddha, zur Lehre und zur höchsten spirituellen Gemeinschaft.“ Zuflucht in ihrer mitfühlendsten Form ist die Vereinigung von drei Geisteshaltungen:

1. Interesse und Sorge nicht nur für sich selbst, sondern für alle Lebewesen. Und ebenso ein Interesse, dass sie nicht nur die individuelle Erleichterung vom Leiden suchen, sondern die uneigennützige Erleuchtung der Buddhaschaft anstreben.
2. Glaube an und Vertrauen auf den Buddha, die Stadien der Verwirklichung und die spirituelle Gemeinschaft mit der Überzeugung, dass durch sie alle Lebewesen Freiheit von jeglicher Art von Leiden finden können.
3. Mitgefühl, was bedeutet, die sklavische Unterdrückung anderer durch das Leiden nicht ertragen zu können, ohne etwas dagegen zu tun.

Erkennen Sie, dass der Buddha der Lehrer der Zuflucht ist, dass die wahren Wege und die wahre Beendigung die eigentliche Zuflucht sind und dass die Bodhisattvas, welche die eigentliche Natur der Phänomene direkt erkannt haben, unsere spirituelle Gemeinschaft sind, die alle fühlenden Wesen zur Zuflucht hinführen.

Streben Sie mit diesem Wissen die höchste Erleuchtung an, indem Sie rezitieren: „Möge ich durch die Ansammlungen meiner mithilfe von Freigebigkeit, Ethik, Geduld, freudiger Anstrengung, Meditation und Weisheit erworbenen Verdienste die Buddhaschaft verwirklichen, um allen Lebewesen zu helfen.“ Indem Sie dies tun, denken Sie sich: „Möge ich durch die Kraft dieser Tugenden die Buddhaschaft verwirklichen, nicht um mir selbst zu helfen, sondern um allen fühlenden Wesen zu Diensten zu stehen und um ihnen zu helfen, die Buddhaschaft zu erlangen." Dies wird „die Entwicklung des mitfühlenden Strebens nach Erleuchtung in der Form eines Wunsches" genannt.

Das bringt uns zum zweiten, dem Hauptteil des Rituals. Mit dem starken Wunsch, die Buddaschaft zu erlangen, um anderen Lebewesen dienen zu können, stellen Sie sich Buddha oder Ihren eigenen spirituellen Lehrer als dessen Vertreter vor sich im Raum vor.

1. Rezitieren Sie folgende Worte, als würden Sie diese dem Buddha nachsprechen:

> Bis ich Erleuchtung erreicht habe, nehme ich meine Zuflucht zum Buddha, zur Lehre und zur höchsten spirituellen Gemeinschaft.
>
> Möge ich durch die Ansammlungen meiner mithilfe von Freigebigkeit, Ethik, Geduld, freudiger Anstrengung, Meditation und Weisheit erworbenen Verdienste die Buddhaschaft verwirklichen, um allen Lebewesen zu helfen.

Indem Sie dies sagen, lenken Sie Ihre heilsamen Handlungen nicht zu irgendeinem kleinen Ziel in diesem oder im nächsten Leben, sondern zum erhabensten aller Ziele – der Erlangung vollkommener Freiheit für alle Lebewesen. Entwickeln Sie diese Geisteshaltung mit großer Entschlossenheit.

2. Führen Sie die zweite Wiederholung mit noch stärkerer Entschlossenheit durch, dieses altruistische Ziel zum ständigen Begleiter in Ihrem tagtäglichen Leben zu machen:

> Bis ich Erleuchtung erreicht habe, nehme ich meine Zuflucht zum Buddha, zur Lehre und zur höchsten spirituellen Gemeinschaft.
>
> Möge ich durch die Ansammlungen meiner mithilfe von Freigebigkeit, Ethik, Geduld, freudiger Anstrengung, Meditation und Weisheit erworbenen Verdienste die Buddhaschaft verwirklichen, um allen Lebewesen zu helfen.

3. Führen Sie die dritte Wiederholung aus der Tiefe Ihres Herzens, mit sogar noch größerer Entschlossenheit durch. Treffen Sie eine dauerhafte, vollständig logisch durchdachte Entscheidung, die durch keinerlei Umstände zu erschüttern ist, dass das Wohlergehen von so vielen anderen Lebewesen weitaus bedeutender als Ihr eigenes ist. Denken Sie: „Was könnte jetzt, da ich eine solch großartige Gelegenheit habe, wichtiger sein, als nach dem Nutzen der anderen zu streben! Von nun an werde ich nach meinen besten Kräften damit aufhören, mich auf mein eigenes Wohlergehen zu konzentrieren und werde mich ganz dem Fortschritt aller Lebewesen verpflichten. Um dies zu erreichen, werde ich die unübertroffene, vollkommene Erleuchtung erlangen."

Rezitieren Sie:

> Bis ich die Erleuchtung erreicht habe, nehme ich meine Zuflucht zum Buddha, zur Lehre und zur höchsten spirituellen Gemeinschaft.
>
> Möge ich durch die Ansammlungen meiner mithilfe von Freigebigkeit, Ethik, Geduld, freudiger Anstrengung, Meditation und Weisheit erworbenen Verdienste die Buddhaschaft verwirklichen, um allen Lebewesen zu helfen.

Dies beendet das Ritual. Damit setzen und nähren Sie die Samen von kraftvollem und unerschütterlichem Mitgefühl.

DIE VERPFLICHTUNG IN DIESEM LEBEN AUFRECHTERHALTEN

Es gibt vier Übungen, die darauf abzielen, zu verhindern, dass diese Nächstenliebe und Uneigennützigkeit sich in diesem Leben verschlechtern:

1. Steigern Sie zuerst Ihre Begeisterung, für das Wohl anderer erleuchtet zu werden, indem Sie sich immer wieder den Nutzen einer solchen Erleuchtung ins Gedächtnis zurückrufen.
2. Vermehren Sie dann Ihre Fürsorge für andere, indem sie den Tag

und die Nacht in jeweils drei Zeitabschnitte einteilen. Nehmen Sie sich während dieser Abschnitte ein klein wenig Ihrer Tageszeit, oder kehren Sie aus dem Schlaf zurück, um die Visualisation in fünf Schritten, die auf Seite 66 beschrieben wurde, zu üben, auch wenn es nur für fünf Minuten ist. Diese Übung ist sehr wirkungsvoll. Sie kann zur regelmäßigen Gewohnheit werden, so wie das Essen zu bestimmten Zeiten. Falls Sie sie nicht so oft durchführen können, visualisieren Sie die Schritte drei Mal in einer Morgensitzung, die etwa fünfzehn Minuten dauert, und tun Sie das Gleiche am Abend. Denken Sie über Ihr Ziel nach: „Möge ich die höchste Erleuchtung für die anderen erreichen."

3. Die nächste Übung verlangt Wachsamkeit: Wenn Sie danach streben, die höchste Erleuchtung *allen* Wesen zuliebe zu erreichen, stellen Sie sicher, das Wohlergehen noch nicht einmal eines einzigen Lebewesens geistig zu vernachlässigen.
4. Versuchen Sie, die beiden Kräfte von Verdienst und Weisheit so gut wie möglich zu verstärken. Um Verdienste zu steigern, führen Sie bereitwillig tugendhafte Handlungen wie Großzügigkeit oder ethisches Verhalten durch. Um Weisheit zu vermehren, müssen Sie zu einem Verständnis davon kommen, wie Phänomene wirklich existieren. Da dies ein kompliziertes Thema ist, werden wir es ausführlich in den Kapiteln 8 bis 10 behandeln. Hier möge es genügen zu sagen, dass es hilfreich ist, darüber zu reflektieren, wie Phänomene in Abhängigkeit von Ursachen und Bedingungen entstehen und existieren.

DIE VERPFLICHTUNG IN ZUKÜNFTIGEN LEBEN AUFRECHTERHALTEN

In zukünftigen Leben könnte Ihre mitfühlende Absicht, Erleuchtung zu erlangen, geschwächt werden. Sie können dies dadurch verhindern, indem Sie die vier unheilsamen Handlungen, die nun aufgezählt werden, aufgeben und sich in den vier heilsamen Übungen, die darauf folgen, schulen:

Vier unheilsame Handlungen

1. Eine hoch gestellte Person, wie zum Beispiel einen Abt, jemanden, der einem Gelübde gibt, einen Lehrer oder einen Gefährten auf dem Übungsweg über schlechte Dinge, die man getan hat, täuschen.
2. Andere, die sich in Tugendhaftigkeit üben, veranlassen, zu bereuen, was sie tun.
3. Jene, die Mitgefühl für andere zum Ausdruck bringen, kritisieren oder verächtlich machen.
4. Betrügen und falsche Angaben machen, um in den Genuss der Dienste anderer zu kommen.

Vier heilsame Übungen

1. Belügen Sie niemals irgendjemanden. Es gibt Ausnahmen, wenn Lügen großen Nutzen für andere haben. Doch das ist selten der Fall.
2. Helfen Sie anderen, direkt oder indirekt, in Richtung der altruistischen Erleuchtung der Buddhaschaft fortzuschreiten.
3. Betrachten und behandeln Sie Bodhisattvas mit dem gleichen Respekt wie Buddha selbst. Da wir nicht wissen, wer ein Bodhisattva ist und wer nicht, müssen wir alle Lebewesen mit Respekt behandeln. Stellen Sie, als generelle Regel, andere höher als sich selbst.
4. Betrügen sie niemals jemanden und bleiben Sie immer aufrichtig.

Falls Sie den Entschluss fassen, sich in diesen Übungen zu schulen, um die Entschlossenheit zu entwickeln, die Buddhaschaft für andere zu erreichen, dann legen Sie folgendes *Versprechen* ab: „Ich werde meinen Entschluss aufrechterhalten und ihn niemals aufgeben." Diejenigen, die nicht in der Lage sind, dieses Niveau der Übung aufrechtzuerhalten, können auf das Versprechen verzichten und stattdessen denken: „Möge ich die höchste Erleuchtung für alle Lebewesen erlangen." Menschen, die keine Buddhisten sind – Christen, Juden, Moslems und so weiter –, können eine gleichwertige Haltung der Fürsorge für andere entwickeln, indem sie denken: „Ich werde allen Lebewesen helfen und ihr Glück bewirken."

DER ERLEUCHTUNGSGEIST DER PRAKTISCHEN UMSETZUNG

Wenn Ihr Streben, die Erleuchtung zu erlangen, fest und unerschütterlich ist, sollten Sie es in die Tat umsetzen. Dies geschieht durch die Handlungen eines Bodhisattva, wovon die sechs Vollkommenheiten die wichtigsten sind:

1. *Freigebigkeit* umfasst 1) das Spenden materieller Dinge, wie zum Beispiel Geld, Kleidung und Essen; 2) das Schenken von Liebe; 3) das Geben von spirituellen Lehren und Übungen und 4) allen Lebewesen in angsterfüllten Situationen Hilfe zu gewähren. Die Tiere sind hier mit eingeschlossen: Helfen Sie auch einer Ameise aus einer Pfütze heraus.
2. *Ethik* bezieht sich hauptsächlich auf die altruistische Einstellung und Verhaltensweisen von Bodhisattvas.
3. *Geduld* wird in nervenaufreibenden Situationen gezeigt oder dazu angewandt, mühsame Anstrengungen aufrechtzuerhalten, wie zum Beispiel das Lernen der Übungen und der Lehren über eine lange Zeit hinweg.
4. *Freudige Anstrengung* bedeutet das Bewahren von Begeisterung für Tugendhaftigkeit und unterstützt all die anderen Vollkommenheiten.
5. *Meditation* beinhaltet die Übung in stabiler und intensiver Meditation und wird im nächsten Kapitel erläutert.
6. *Weisheit* ist für das Verstehen der Natur des Daseinskreislaufes und der Vergänglichkeit sowie für das Verstehen des Entstehens in Abhängigkeit und der Leerheit erforderlich.

Die sechs Vollkommenheiten können ihrerseits zu den drei Schulungen eines Bodhisattva zusammengefasst werden: Schulung in der Vollkommenheit der Ethik (welche die Vollkommenheit des Gebens und der Geduld mit einschließt), Schulung in der Vollkommenheit der Meditation und Schulung in der Vollkommenheit der Weisheit. Die Vollkommenheit der freudigen Anstrengung ist für alle drei Schulungen erforderlich. In dieser Weise sind die sechs Vollkommenheiten in der dreifachen Übung in Ethik, konzentrierter Meditation und Weisheit, die den Kern dieses Buches darstellen, mit eingeschlossen.

Wenn Sie in der Tiefe Ihres Herzens auf das Gefühl treffen, dass Sie sich auf die Handlungen eines Bodhisattvas einlassen müssen – das sind die sechs Vollkommenheiten, oder, auf andere Weise betrachtet, die dreifache Schulung –, dann ist dies die richtige Zeit dafür, die Bodhisattva-Gelübde der praktischen Umsetzung des Erleuchtungsgeistes abzulegen.

Der wesentliche Punkt ist der, dass alle Lebewesen vereint sind in dem Verlangen, Glück zu erlangen und Leiden zu vermeiden. Wir alle gleichen uns auch darin, dass es uns möglich ist, Leiden zu beseitigen und Glück zu erreichen; dazu sind wir alle in gleicher Weise berechtigt. Worin liegt dann der Unterschied zwischen Ihnen und allen anderen? Der Unterschied ist der, dass Sie in der Minderheit von nur einer Person sind. Es ist sehr leicht einzusehen, dass die unermessliche Anzahl fühlender Wesen, die auf Glück hoffen und dem Leiden ein Ende zu setzen suchen, wichtiger ist als irgendeine einzelne Person. Es ist daher in hohem Maße vernunftgemäß und angemessen, dass Sie sich dem Wohlergehen unzähliger anderer verpflichten, dass Sie Ihren Körper, Ihre Rede und Ihren Geist zu deren Nutzen einsetzen und dass Sie die Haltung aufgeben, sich nur um sich selbst zu kümmern.

ZUSAMMENFASSUNG FÜR DIE TÄGLICHE ÜBUNG

Führen Sie die sieben vorbereitenden Schritte aus:

1. *Verehrung.* Stellen Sie sich Buddha Shakyamuni vor, umgeben von zahllosen Bodhisattvas, die den Raum vor Ihnen erfüllen, und bringen Sie diesen Ihre Verehrung und Hochachtung entgegen.
2. *Opfergaben darbringen.* Bringen Sie die herrlichsten Dinge – ob Sie diese nun besitzen oder nicht – , Ihren Körper, Ihre Talente, Ihren Be-

sitz und Ihre eigenen Tugenden eingeschlossen, den Buddhas und Bodhisattvas als Opfergabe dar.

3. *Offenlegen schlechter Taten.* Bekennen Sie die unzähligen schlechten Handlungen des Körpers, der Rede und des Geistes, die Sie mit der Absicht, anderen Schaden zuzufügen, begangen haben. Bereuen Sie es, diese begangen zu haben und fassen Sie den Entschluss, von solchen Handlungen in Zukunft Abstand zu nehmen.

4. *Bewunderung.* Entwickeln Sie aus der Tiefe Ihres Herzens Bewunderung für Ihre eigenen Tugenden und die anderer. Empfinden Sie Freude über die guten Dinge, die Sie in diesem und früheren Leben getan haben, indem Sie denken: „Ich habe etwas Gutes getan." Empfinden Sie Freude über die Tugenden anderer, die Tugenden der Buddhas und Bodhisattvas mit eingeschlossen.

5. *Inständige Bitte.* Ersuchen Sie die Buddhas, welche die vollkommene Erleuchtung erlangt, aber die Lehren noch nicht weitergegeben haben, dies zum Wohle all derer, die leiden, zu tun.

6. *Demütige Bitte.* Ersuchen Sie die Buddhas, nicht ins Jenseits einzutreten.

7. *Widmung.* Widmen Sie diese sechs Übungen dem Erlangen der höchsten Erleuchtung.

Führen Sie dann den zentralen Teil des Rituals zur Entwicklung des Erleuchtungsgeistes des Strebens durch.

1. Stellen Sie sich mit der großen Entschlossenheit, Buddhaschaft zu verwirklichen, um anderen Lebewesen zu dienen, einen Buddha vor, der sich vor Ihnen befindet, oder Ihren spirituellen Lehrer als Stellvertreter Buddhas.
2. Wiederholen Sie dreimal, als würden Sie ihm oder ihr nachsprechen:

> Bis ich die Erleuchtung erreicht habe, nehme ich meine Zuflucht zum Buddha, zur Lehre und zur höchsten spirituellen Gemeinschaft.
>
> Möge ich durch die Ansammlungen meiner mithilfe von Freigebigkeit, Ethik, Geduld, freudiger Anstrengung, Meditation und Weisheit erworbenen Verdienste die Buddhaschaft verwirklichen, um allen Lebewesen zu helfen.

Um diesen tiefgründigen Altruismus in diesem Leben aufrechtzuerhalten und zu stärken, führen Sie folgende Übungen durch:

1. Rufen Sie sich immer wieder die Vorteile ins Gedächtnis, die durch das Entwickeln der Absicht entstehen, für andere erleuchtet zu werden.
2. Teilen Sie den Tag und die Nacht in drei Zeitabschnitte ein, und nehmen Sie sich während jedes dieser Abschnitte ein wenig Ihrer Tages- oder Schlafenszeit, indem Sie aus dem Schlaf aufwachen, und üben Sie die Visualisation in fünf Schritten, die auf Seite 66 im letzten Kapitel beschrieben wurde. Es genügt auch, die fünf Schritte drei Mal in einer Morgensitzung und drei Mal in einer Abendsitzung für jeweils etwa fünfzehn Minuten durchzuführen.
3. Vermeiden Sie es, das Wohlergehen auch nur eines einzigen Wesens zu vernachlässigen.
4. Führen Sie, mit einer guten Einstellung, so viele tugendhaften Handlungen wie möglich aus und entwickeln Sie ein grobes Verständnis von der Natur der Wirklichkeit, oder halten Sie den Wunsch aufrecht, dies zu tun, und arbeiten Sie daran.

Um diesen tiefgründigen Altruismus in zukünftigen Leben aufrechtzuerhalten und zu stärken, führen Sie folgende Übungen durch:

1. Belügen Sie niemals irgendjemanden, es sei denn, Sie können anderen durch Lügen sehr viel helfen.
2. Helfen Sie anderen direkt oder indirekt, Fortschritte in Richtung Erleuchtung zu machen.
3. Behandeln Sie alle Lebewesen mit Respekt.
4. Betrügen Sie niemals irgendjemanden, und bleiben Sie immer aufrichtig.

Als Essenz: Denken Sie immer wieder: „Möge ich dazu fähig werden, allen Lebewesen zu helfen."

TEIL DREI

ÜBUNG IN KONZENTRIERTER MEDITATION

SIEBTES KAPITEL

Den Geist fokussieren

Lassen Sie uns einen Moment innehalten und rekapitulieren, wie sich der Fortschritt zu einem glücklichen Leben entfaltet: Zuerst kommt Ethik, dann konzentrierte Meditation und dann Weisheit. Weisheit stützt sich auf die Einsgerichtetheit der Meditation, und die Meditation basiert auf dem Selbst-Gewahrsein der Ethik. In den letzten fünf Kapiteln haben wir die Übung in Ethik erörtert, durch die Sie ruhiger und friedvoller werden und Ihren Geist für weiteres spirituelles Wachstum vorbereiten. Durch bewusstes Verhalten kann konzentrierte Meditation erreicht werden, die ruhiges Verweilen genannt wird. Und dennoch ist Ihr Geist noch zu zerstreut für die zunehmend wirksame meditative Übung, die volle Konzentration erfordert. Selbst ein kleines Geräusch hier oder da kann Sie sofort ablenken. Da es auf jeden Fall notwendig ist, den Geist einsgerichteter werden zu lassen, damit Weisheit Wurzeln fassen kann, werde ich in diesem Kapitel erörtern, wie man den vollkommen konzentrierten Zustand des ruhigen Verweilens entwickelt. Zuerst werde ich kurz die verschiedenen Arten der Meditation beschreiben, sodass Sie verstehen können, welchen Platz ruhiges Verweilen unter ihnen einnimmt.

ARTEN DER MEDITATION

Es gibt viele Arten der Meditation.

◆ *Analytische Meditation* und *stabilisierende Meditation* sind zwei grundsätzliche Typen der Meditation. In der analytischen Meditation untersuchen Sie ein Thema und versuchen es mithilfe von logischem Denken zu verstehen. Beispielsweise können Sie darüber meditieren, warum die Dinge nicht von Dauer sind, indem Sie darüber reflektieren, wie sie durch Ursachen erzeugt werden oder wie sie sich von einem Moment zum nächsten in ihre Bestandteile auflösen. In der stabilisierenden Meditation lassen Sie Ihren Geist auf einem einzigen Objekt oder Thema ruhen, wie zum Beispiel der Vergänglichkeit. (Die Meditation des ruhigen Verweilens wird durch die stabilisierende Meditation entwickelt.)

◆ Eine andere Art, Meditation zu unterteilen, ist die Unterscheidung zwischen *subjektiver Meditation* und *objektiver Meditation.* In der subjektiven Meditation ist es Ihr Ziel, im Geist eine neue oder gestärkte Perspektive oder Haltung heranzubilden. Der Aufbau von Glauben ist ein Beispiel für diesen Meditationstyp: Glaube ist nicht das Objekt, *auf* das Sie sich konzentrieren, sondern eine Haltung, die in der Meditation gepflegt wird. (Die Entwicklung von Mitgefühl ist auch subjektive Meditation, da Sie nicht *auf* bzw. *über* das Mitgefühl meditieren, sondern versuchen, ihr Bewusstsein mitfühlender werden zu lassen.) In der objektiven Meditation meditieren Sie *über* ein Thema, wie zum Beispiel Vergänglichkeit, oder ein Objekt, wie zum Beispiel den goldenen Körper eines Buddha.

◆ Sie können *in der Form des Wünschens meditieren.* Sie könnten sich beispielsweise wünschen, mit dem Mitgefühl und der Weisheit eines Buddha erfüllt zu sein.

◆ Oder Sie können einen Schritt weiter in die *imaginäre Meditation* gehen, bei der Sie sich vorstellen, Qualitäten zu haben, die Sie jetzt noch nicht haben. Die Übung des Gottheiten-Yoga beispielsweise verlangt, dass Sie sich selbst als ideales Wesen visualisieren, dessen Körper aus dem Licht der Weisheit erschaffen ist.

Von den verschiedenen Arten der Meditation wollen wir erörtern, wie man sich in der stabilisierenden Meditation des ruhigen Verweilens übt. Wie oben erwähnt, ist es das Ziel der stabilisierenden Meditation, die Fähigkeit des Geistes zu stärken, sich auf ein einziges Objekt oder Thema zu fokussieren. Das befähigt wiederum den Geist, Probleme an ihrer Wurzel zu überwinden. Das wird Ihnen auch helfen, im täglichen Leben wachsamer und aufgeweckter zu sein und wird nach und nach Ihr Erinnerungsvermögen verbessern, was in allen Bereichen des Lebens von Nutzen ist.

Da Sie in dieser Art der Meditation einen höchst konzentrierten Zustand des Geistes zu erreichen suchen, brauchen Sie dazu Folgendes:

1. Die *Anfangsursache*, Ethik, die Ihnen eine friedliche und sanfte, gewissenhafte Art und Weise des Verhaltens verleiht und somit grobe Ablenkungen beseitigt.
2. Eine *Zeit und einen Ort für die Übung*, abseits des Lärms und Wirrwarrs des täglichen Lebens. Nehmen Sie sich in Ihrem täglichen Zeitplan für die Meditation Zeit. Für fokussierte Meditation ist es von entscheidender Bedeutung, an einem ruhigen, abgeschiedenen Ort alleine zu sein. Da Lärm wie ein Stachel ist, der Konzentration verhindert, ist es am Anfang sehr wichtig, sich an einem stillen Ort aufzuhalten. Ziehen Sie in Betracht, während Ihres Urlaubes eine Meditationsklausur durchzuführen.
3. Eine geeignete *Ernährung*, die Klarheit des Geistes begünstigt. Aufgrund der gesundheitlichen Verfassung kann es notwendig sein, Fleisch zu essen. Vegetarische Kost ist im Allgemeinen aber besser. Nach der Ethik persönlicher Befreiung gibt es kein Verbot, gelegentlich Fleisch zu essen. Sie sollten aber keinesfalls Fleisch essen, das vorsätzlich für Sie getötet wurde. Und Sie sollten nicht nach Fleisch fragen, wenn es Ihnen nicht angeboten wird. Es wäre in der Tat sehr zu begrüßen, wenn die Mehrheit der Menschen Vegetarier würde. Einige Schriften des Großen Fahrzeuges verbieten den Verzehr von Fleisch, da Fürsorge für andere das Herz der Ethik des Großen Fahrzeuges darstellt. Ebenso ist es nicht gut, zu viel zu essen. Essen Sie daher weniger. Das Trinken von Alkohol kommt natürlich nicht infrage, ebenso wenig wie Drogen und Medikamente, die den Bewusstseinszustand verändern. Rauchen ist nicht ratsam. Wenn ein bärtiger Mann zum Zeitpunkt des Eintretens in tiefe Meditation rauchte, würde er es riskieren, dass sein Bart Feuer fängt!
4. Die richtige Menge an *Schlaf*. Zu viel Schlaf lässt Ihren Geist dumpf und schwerfällig werden, und zu wenig kann zerrüttend sein. Sie müssen herausfinden, wie viel die richtige Menge für Sie ist.
5. Die *körperliche Haltung* ist entscheidend für die fokussierte Meditation, besonders in diesem frühen Stadium. Falls möglich,

nehmen Sie den vollen oder halben Lotussitz ein. Benutzen Sie zwei Kissen, von denen Sie ein kleineres auf ein größeres legen und sich dann darauf setzen, sodass Ihr Becken etwas höher als Ihre Knie liegt. Das hat den Effekt, dass Sie nicht so leicht müde werden, egal wie viel Sie meditieren. Richten Sie sich auf, sodass Ihr Rückgrat geradlinig wie ein Pfeil wird. Kippen Sie Ihren Kopf ganz leicht nach unten. Zielen Sie mit Ihren Augen über die Nase hinweg nach vorne. Legen Sie die Spitze Ihrer Zunge leicht an den Gaumen. Belassen Sie Ihre Lippen und Ihre Kiefer in ihrer normalen Stellung. Lassen Sie die Arme locker hängen und drücken Sie sie nicht an den Körper. Was die Lage der Hände anbelangt, legen die Praktizierenden des japanischen Zen gewöhnlich die linke Hand, die innere Handfläche nach oben, auf die rechte Hand, deren Handfläche auch oben ist. Die Tibeter legen die rechte Hand, Handfläche nach oben, auf die linke, deren Handfläche auch oben ist. In tantrischen Übungen ist es wichtig, die rechte Hand auf die linke zu legen, beide Handflächen nach oben, wobei die beiden Daumen sich berühren und so ein Dreieck bilden, dessen Basis etwa vier Fingerbreiten unterhalb des Nabels liegt.

Der Gegenstand der Meditation

Es gibt viele mögliche Objekte der stabilisierenden Meditation, um ruhiges Verweilen zu erreichen:

- Der Atem. Einige Texte sprechen davon, das Ein- und Ausatmen der Luft durch die Nase zu beobachten, erwähnen aber nicht, wie tief man atmen soll. Andere Texte erklären, wie man sich die Bewegung des Atems durch verschiedene Körperbereiche vorstellen soll. In einer Atemübung zieht man die untere Luft, oder Energien, hoch und drückt die oberen Energien nach unten und hält diese dann wie in einem Gefäß unmittelbar unterhalb des Nabels.
- Ihr Körper, Ihre Gefühle, Ihr Geist oder Phänomene wie die Vergänglichkeit. Diese Meditationen werden Festigung durch Achtsamkeit genannt.
- Der erste Buchstabe Ihres Namens auf einer Scheibe von Licht außerhalb oder innerhalb Ihres Körpers.

◆ In Thailand meditieren die Übenden oft, indem sie Achtsamkeit anwenden auf alles, was sie tun. Wenn sie gehen, sind sie achtsam dafür, wie sie ihren rechten Fuß nach vorne setzen, dann den linken, dann wieder den rechten und so weiter.

◆ Im Allgemeinen ist für einen Buddhisten ein Bildnis des Körpers von Buddha Shakyamuni ein guter Gegenstand der Meditation. Für einen Christen könnte es ein Bildnis von Jesus sein. Lassen Sie Ihren aufmerksamen und interessierten Blick darauf verweilen, sodass es innerlich in Ihrem Geist erscheint, wenn Sie die Augen schließen. Richten Sie Ihren Geist auf die Gestalt, die sich in Augenhöhe befindet, nicht zu hoch und nicht zu tief, im Abstand von etwa einem bis eineinhalb Metern.

Zu Beginn ist es schwierig, den Gegenstand der Meditation klar in Ihrem Geist erscheinen zu lassen. Um zu vermeiden, dass Ihre Wahrnehmung abstumpft und glanzlos wird, versuchen Sie es lieber in häufigen, intensiven, fünfminütlichen Sitzungen anstatt langen Meditationen. (Vier bis sechzehn dieser kurzen Sitzungen täglich wären ideal.) Sie haben Ihr Objekt der Meditation gefunden, wenn es innerlich in Ihrem Geist erscheint. Richten Sie jetzt ununterbrochen Ihren Geist darauf.

Aufgeregtheit und Schlaffheit entgegenwirken

Um ruhiges Verweilen zu erreichen, brauchen Sie hinsichtlich des Gegenstandes der Meditation sowohl Stabilität als auch Klarheit. Daher sind Aufgeregtheit und Schlaffheit die größten Hindernisse für eine anhaltende Meditation. Aufgeregtheit verhindert Stabilität. Wenn der Geist nicht auf dem Gegenstand verweilt, sondern abgelenkt oder zerstreut wird, ist der Gegenstand der Meditation verloren. Es gibt auch eine subtile Form der Aufgeregtheit, wenn zwar das Objekt der Meditation nicht verloren gegangen ist, aber ein Teil des Geistes an etwas anderes denkt. Es ist nötig, Aufgeregtheit zu erkennen und mithilfe der Wachsamkeit zu verhindern, dass Ihr Geist unter ihren Einfluss gerät.

Dumpfheit ist eine Schwere des Geistes und des Körpers und stellt ein Hindernis für die Klarheit dar. Dumpfheit verursacht auch Schlaffheit, die ebenfalls Klarheit verhindert. Grobe Schlaffheit lässt den Geist absinken; der Gegenstand der Meditation verblasst, verschwindet und geht verloren. In subtiler Schlaffheit geht der Gegenstand nicht verloren, aber die Klarheit des Gegenstandes und des Geistes nehmen ein wenig ab, da sich die Intensität des Geistes abgeschwächt hat; der Geist ist ein wenig zu locker. Der Geist mag ziemlich klar auf dem Gegenstand der Meditation verweilen, aber ohne echte Wachheit; dieser Zustand wird oft fälschlicherweise für korrekte Meditation gehalten.

Wenn Ihr Geist zu konzentriert und angespannt ist und Sie Aufgeregtheit erfahren, müssen Sie den Geist etwas lockern, so wie man die Saiten einer Gitarre etwas lockert. Entsprechend ist Ihr Geist nicht konzentriert und gespannt genug, wenn Sie der Schlaffheit unterliegen, und so müssen Sie seine Intensität etwas erhöhen, indem Sie ihn ein wenig straffen, so wie wenn man die Saiten einer Gitarre etwas spannt. Wie Sie sehen, muss der Geist wie ein gutes Saiteninstrument gestimmt werden.

Achtsamkeit und Introspektion

Die Kraft hinter der Entwicklung von konzentrierter Meditation ist Achtsamkeit, die Fähigkeit, auf einem Objekt zu verweilen, ohne Ablenkung zu erlauben. Sie schulen sich in Achtsamkeit, indem Sie Ihren Geist jedes Mal wieder auf den Gegenstand der Meditation ausrichten, wenn er abweicht, was immer wieder geschehen wird. Wenn Sie geübt darin werden, Achtsamkeit auf den Gegenstand der Meditation aufrechtzuerhalten, können Sie sich auf die Introspektion konzentrieren. Wie Shantideva in seinem *Eintritt in das Leben zur Erleuchtung* sagt, besteht die besondere Aufgabe der Introspektion darin, in regelmäßigen Zeitabständen die eigenen körperlichen und geistigen Tätigkeiten zu untersuchen. Im Verlauf der Entwicklung von ruhigem Verweilen ist es die Aufgabe der Introspektion, festzustellen, ob der Geist unter den Einfluss von Aufgeregtheit oder Schlaffheit geraten ist oder gerade dabei ist, dies zu tun. Am Anfang sind die Phasen der Schlaffheit und Aufgeregtheit stark. Wenn man sich aber bemüht, werden diese Phasen schwächer und seltener, und die Phasen, in denen man beim Gegenstand der Meditation verweilen kann, werden länger. Nach und nach werden auch subtile Schlaffheit und Aufgeregtheit ihre Kraft verlieren und verschwinden. Schließlich wird sich die Fähigkeit des Geistes verbessern, einsgerichtet beim Gegenstand der Meditation zu verweilen, frei von den Fehlern der Aufgeregtheit und der Schlaffheit.

Wenn Sie mithilfe von Achtsamkeit und Introspektion das Objekt der Meditation ununterbrochen halten können, ist es möglich, innerhalb von sechs Monaten einsgerichtete Meditation zu erzielen. Am Anfang müssen Sie Ihren Geist mühsam und mit großer Anstrengung auf den Gegenstand der Meditation richten; dann werden Sie den Gegenstand der Meditation von Zeit zu Zeit ohne große Anstrengung in Ihrem Geist halten können; später werden Sie ihn in entspannter Weise ununterbrochen halten können; und schließlich verweilen Sie spontan und ungekünstelt beim Gegenstand, ohne irgendwelche Anstrengungen unternehmen zu müssen, Aufgeregtheit und Schlaffheit zu entfernen. Wenn Sie dazu fähig sind, vier Stunden lang, deutlich, klar und ununterbrochen beim Gegenstand Ihrer Meditation zu verweilen, haben Sie unerschütterliche Stabilität erreicht. Unvorteilhafte Zustände des Körpers und des Geistes sind verschwunden, und das tiefe Glück körperlicher und geistiger Geschmeidigkeit ist erlangt. An diesem Punkt haben Sie ruhiges Verweilen erreicht.

Qualitäten von ruhigem Verweilen

Um mit ruhigem Verweilen ausgestattet zu sein, muss der Geist die Stabilität besitzen, an einem Objekt festzuhalten, aber dies allein reicht noch nicht aus. Der Geist muss außerdem *klar* sein, aber auch das ist noch nicht ausreichend. Seine Klarheit sollte intensiv, wach und scharf sein; der Geist darf nicht das kleinste bisschen dumpf sein.

Diese Feineinstellungen im Geist, um ihn für das ruhige Verweilen empfänglich zu machen, sind nicht einfach zu erreichen. Im indischen Dharamsala hat mir einer der Tibeter, die sich in konzentrierter Meditation üben, erzählt, dass die Entwicklung von einsgerichteter Meditation schlimmer war als die Gefangenschaft in einem chinesischen Gefängnis! Da es schwierig ist, ruhiges Verweilen zu erlernen, ist es wichtig, sich sorgfältig vorzubereiten und Schritt um Schritt voranzuschreiten. Treiben Sie sich nicht zu sehr an, seien Sie nicht zu streng mit sich selbst, besonders nicht am Anfang. Ansonsten laufen Sie Gefahr, aufgeregt und aufgebracht zu werden oder sogar einen Nervenzusammenbruch zu erleiden. Das Ziel ist hier die tägliche Übung, in der Sie sich einen Gegenstand der Meditation auswählen und, indem Sie sich darauf konzentrieren, versuchen, Stabilität, Klarheit und Intensität zu erreichen.

Sich auf den Geist selbst konzentrieren

Ruhiges Verweilen kann auch verwirklicht werden durch tägliche Meditationen über den Geist selbst. Das hat unter anderem den Vorteil, dass es Ihre Fähigkeit stärken wird, den Geist des klaren Lichtes zu manifestieren, wenn Sie sterben. Identifizieren Sie zuerst die eigentliche Natur des Geistes – Leuchtkraft und Erkenntnisfähigkeit, unbefleckt von Gedanken –, und dann konzentrieren Sie sich darauf. Das ist eine von vielen Ebenen der Abwesenheit von Gedanken. (Ich werde die Meditation auf die endgültige Natur des Geistes im zehnten Kapitel näher beschreiben.)

Zur Vorbereitung der Konzentration auf den Geist selbst müssen Sie emotionale Hindernisse überwinden, indem Sie sich der Ansammlung von positivem Verdienst widmen wie zum Beispiel durch die Entwicklung von Mitgefühl, was bereits erörtert wurde. Der nächste Schritt besteht darin, mit der Natur des eigenen Geistes vertraut zu werden. Die beste Zeit hierfür ist früh am Morgen, unmittelbar nach dem Erwachen, aber bevor all Ihre Fähigkeiten zur sinnlichen Wahrnehmung aktiv geworden sind. Sie haben Ihre Augen noch nicht geöffnet. Schauen Sie auf das Bewusstsein selbst. Oder betrachten Sie es von innen. Dieser Zeitpunkt ist eine gute Gelegenheit, die klare Lichtnatur des Geistes zu erfahren. Lassen Sie Ihren Geist nicht darüber nachdenken, was in der Vergangenheit passiert ist; lassen Sie ihn auch nicht den Dingen nachrennen, die sich in der Zukunft ereignen könnten; belassen Sie den Geist vielmehr leuchtend und klar, gerade so wie er ist, frei von gedanklichem Erschaffen. Entdecken Sie in dem Raum zwischen alten und neuen Gedanken die natürliche, nicht gemachte, leuchtende und erkenntnisfähige Natur Ihres Geistes, unbeeinflusst von Gedanken. Wenn Sie unverändert in dieser Weise fortfahren, verstehen Sie, dass der Geist wie ein Spiegel ist, der jedes beliebige Objekt und jeden beliebigen Gedanken oder jedes Konzept reflektiert, und dass der Geist eine Natur von reiner Leuchtkraft und reiner Erkenntnisfähigkeit hat, von reiner Erfahrung.

Nachdem Sie die Natur des Geistes als Leuchtkraft und Erkenntnisfähigkeit erkannt haben, verweilen Sie darin. Indem Sie von Ihrer Fähigkeit zur Achtsamkeit und Introspektion Gebrauch machen, bleiben Sie in diesem Zustand. Wenn ein Gedanke kommt, schauen Sie einfach in dessen wahre Natur, und dieser Gedanke wird seine Kraft verlieren und sich von selbst auflösen. Mit viel Anstrengung können Sie manchmal einen Gedanken davon abhalten, vollständig Gestalt anzunehmen. Wenn Sie jedoch den Zustand erreicht haben, die grundlegende, echte, ungekünstelte, nicht gemachte Natur des Geistes zu erkennen, ist es wahrscheinlicher, dass sich Gedanken auflösen werden, während sie sich bilden; und selbst wenn die Gedanken kommen, werden sie nicht sehr einflussreich sein. Es ist gut zu wissen, dass Gedanken aus der klaren, leuchtenden, erkenntnisfähigen Natur des Geistes sind, genauso wie Wellen des Ozeans aus Wasser sind. Und durch ununterbrochene tägliche Übung werden die Gedanken schwächer werden und ohne jegliche zusätzliche Anstrengung verschwinden.

Die Übung in der Meditation selbst wird Ihren Geist schärfen und Ihr Gedächtnis verbessern. Das sind Qualitäten, die sicherlich auch jenseits spiritueller Praxis nützlich sind, ob im Geschäftsleben, der Welt der Technik, im Leben als Familie oder bei einer Tätigkeit als Lehrer, Arzt oder Anwalt. Diese Übung hilft auch im täglichen Leben in Bezug auf Ärger. Wenn Sie verärgert sind, können Sie sich auf die Natur des Ärgers an sich konzentrieren und somit seine Kraft untergraben.

Ein anderer Vorteil solcher Geistesübung entsteht aus der engen Verbindung zwischen Körper und Geist. Wenn Sie jung und körperlich fit sind, ist Ihr Geist kraftvoll und mächtig. Es ist besonders wertvoll, schon da mit der Übung zu beginnen, sodass Ihr Geist, wenn Sie älter werden, durch die körperlichen Veränderungen hindurch frisch und positiv bleibt. Schließlich ist das menschliche Gehirn eine besonders leistungsfähige Gabe der Natur, und es wäre schade, diese Gabe durch Vernachlässigung und Versäumnis zu schwächen und die Fähigkeiten des Gehirns dem Alter zu überlassen, bis es wie bei einem Tier nur noch die Aufgabe hat, sich um den Körper zu kümmern. Für Praktizierende sind frühzeitige geistige Übung und besonders die Konzentration des Geistes wichtige Vorbereitungen für den entscheidenden letzten Tag, wenn Ihr Geist klar und scharf bleiben muss, um besondere Methoden während der Stufen des Sterbeprozesses anzuwenden oder zumindest die Wiedergeburt in das nächste Leben zu beeinflussen. Dumpfheit und Trägheit zu diesem kritischen Zeitpunkt können sehr gefährlich sein. Eine wirkliche Garantie für eine gute Wiedergeburt ist die Fähigkeit, Ihre Übungen während der Stufen des Sterbens durchführen zu können.

Ihr Geisteszustand unmittelbar vor der Wiedergeburt hat großen Einfluss auf Ihren Charakter im nächsten Leben. Sie mögen große Verdienste in Ihrem Leben angesammelt haben, wenn Sie es jedoch mit einem stumpfen und matten Geist verlassen, setzen Sie die Form, die Ihr nächstes Leben annehmen wird, aufs Spiel. Andererseits wird Ihre nächste Wiedergeburt zweifellos eine gute sein, wenn Sie an Ihrem entscheidenden letzten Tag vorbereitet und entschlossen sind, diese Gelegenheit vollständig und umfassend zu nutzen, auch wenn Sie in diesem Leben einige bedauernswerte Handlungen ausgeführt haben. Bemühen Sie sich daher, Ihren Geist zu schulen, frisch, wachsam, klar und scharf zu sein.

ANDERE METHODEN, UM GEISTIGE RUHE ZU ERREICHEN

In schwierigen Situationen ist es sehr leicht, emotional aufgewühlt zu werden. Der Buddhismus bietet viele Methoden an, in den anstrengenden Situationen, denen wir jeden Tag begegnen, Stress zu verringern. Diese Methoden sind unterschiedlich je nach Situation und Person. Es ist besonders effektiv, die Kraft der analytischen Meditation zu nutzen, um Probleme direkt anzugehen, anstatt zu versuchen, sie zu vermeiden. Hier sind einige Beispiele dieser Methode.

◆ Wenn Sie mit Schwierigkeiten konfrontiert sind, tun Sie alles in Ihrer Kraft Stehende, um diese zu überwinden. Wenn die Schwierigkeiten jedoch unüberwindbar sind, dann denken Sie über die Tatsache nach, dass diese Unannehmlichkeiten durch Ihre eigenen Handlungen in diesem oder einem früheren Leben verursacht worden sind. Ein Verständnis davon, dass Leiden seinen Ursprung im Karma hat, wird etwas Frieden und Versöhnung bringen, denn ein solches Verständnis bringt die Tatsache zum Vorschein, dass das Leben nicht ungerecht ist. Ansonsten könnten Kummer, Leid und Schmerz sinnlos erscheinen.

◆ Am Anfang kann ein Problem massiv und hartnäckig erscheinen, bis Sie dessen wahre Natur untersuchen. Um dies zu tun, arbeiten Sie an Ihrem Verständnis über das Spektrum des Leidens in Ihrem eigenen Leben. Der gewöhnliche Geist und Körper sind in ihrer Natur voller Leiden, genauso wie es die Natur von Feuer ist, heiß und brennend zu sein. Auf die gleiche Art und Weise, wie wir gelernt haben, mit der Natur des Feuers umzugehen, können wir lernen, mit dem Leiden in unserem Leben umzugehen.

◆ Betrachten Sie Probleme und Unannehmlichkeiten aus einer erweiterten Perspektive. Wenn jemand Sie anklagt, stellen Sie sich vor – anstatt wild um sich zu schlagen –, dass diese Beschuldigung die Ketten Ihrer Ichbezogenheit und Selbstsucht lockert und somit Ihre Fähigkeit verbessert, für andere zu sorgen. Münzen Sie widrige Umstände um in Kräfte, die Ihre spirituelle Entwicklung unterstützen. Diese Methode ist sehr schwierig umzusetzen, aber äußerst wirksam, wenn Sie sie erfolgreich einsetzen können.

◆ Wenn Sie eifersüchtig und neidisch sind oder einem Feind Schaden zufügen wollen, denken Sie über alle seine oder ihre Eigenschaften nach, anstatt ein Eintopfgericht der schlechten Eigenschaften dieses Menschen zusammenzukochen. Die meisten Menschen sind eine Mischung aus guten und schlechten Qualitäten – es ist sehr schwer, jemanden zu finden, der in jeder Hinsicht schlecht ist.

◆ Denken Sie über die Leerheit von inhärenter Existenz nach – das ist die tiefgründigste analytische Meditation und etwas, das ich in den nächsten drei Kapiteln näher untersuchen werde.

Oder nutzen Sie die stabilisierende Meditation, um eine vorübergehende Ruhepause einzulegen:

◆ Wenn Sie nicht damit aufhören können, sich Sorgen zu machen über etwas, das in der Vergangenheit passiert ist oder über etwas, das in der Zukunft geschehen könnte, verlagern Sie den Brennpunkt Ihrer Aufmerksamkeit auf Ihre Ein- und Ausatmung. Oder rezitieren Sie das folgende Mantra: „*om mani padme hum*". Da sich der Geist nicht auf zwei Dinge gleichzeitig konzentrieren kann, wird jede von diesen beiden Meditationen bewirken, dass die Sorgen, die zuerst da waren, nachlassen.

Es scheint mir, dass alle Religionen aus buddhistischen Meditationsmethoden Nutzen ziehen könnten – einsgerichtete Konzentration könnte in vielen Situationen auf gewinnbringende Weise angewandt werden. Menschen aus allen Schichten und Berufen können davon profitieren, den Geist zu fokussieren und das Erinnerungsvermögen zu stärken.

ZUSAMMENFASSUNG FÜR DIE TÄGLICHE ÜBUNG

1. Wählen Sie sich einen Gegenstand der Meditation aus und fokussieren Sie Ihren Geist darauf. Versuchen Sie, Stabilität, Klarheit und Intensität zu erreichen und aufrechtzuerhalten. Vermeiden Sie Schlaffheit und Aufgeregtheit.
2. Alternativ hierzu: Erkennen Sie die grundlegende Natur des Geistes, unbefleckt von Gedanken, den Geist in seinem eigentlichen Zustand – reine Klarheit und reines Leuchten, die wissende Natur des Geistes. Verweilen Sie mit Achtsamkeit und Introspektion in diesem Zustand. Wenn ein Gedanke auftaucht, betrachten Sie nur die eigentliche Natur des Gedankens. Das wird dazu führen, dass der Gedanke seine Kraft verliert und sich von alleine auflöst.

TEIL VIER

ÜBUNG IN WEISHEIT

ACHTES KAPITEL

Die Seinsweise von Lebewesen und Dingen untersuchen

ÜBERBLICK ÜBER DIE WEISHEIT IN DER SPIRITUELLEN PRAXIS

Um die Art von Liebe und Mitgefühl zu entwickeln, die Sie dazu motiviert, Buddhaschaft anzustreben, nicht für Sie selbst, sondern für die anderen, müssen Sie sich zuerst dem Leiden stellen, indem Sie die verschiedenen Arten von Leiden erkennen. Das ist die Erste Edle Wahrheit. Von der Geburt bis zu unserem Tod erdulden wir körperliche und geistige Leiden, das Leiden der Veränderung und das alles durchdringende Leiden unkontrollierter bedingter Existenz. Die Zweite und Dritte Edle Wahrheit führen uns zu einem Verständnis der Ursachen des Leidens und zu der Erkenntnis, ob es möglich ist, diese Ursachen zu beseitigen oder nicht. Die Hauptursache des Leidens ist Unwissenheit, die irrtümliche Annahme, dass Lebewesen und Objekte inhärent existieren. Dieses Kapitel wird aufzeigen, dass Lebewesen und Dinge tatsächlich nicht auf diese Art und Weise existieren.

Wir alle haben eine berechtigte, richtige und angemessene Empfindung von unserem „Selbst" oder „Ich". Aber dann haben wir auch eine falsche Auffassung von diesem „Ich" als inhärent existent. Unter dem Bann dieser Täuschung betrachten wir das Selbst, als würde es aus eigener Kraft heraus existieren, durch seine eigene Natur ins Leben gerufen, in der Lage, sich selbst zu verursachen. Diese Empfindung von inhärenter Existenz kann sogar so stark sein, dass das Selbst sich unabhängig vom Körper und Geist fühlt. Falls Sie beispielsweise von Krankheit geschwächt sind, könnten Sie glauben, dass sie den Körper mit jemandem tauschen können, der kräftiger ist als Sie. Entsprechend könnten Sie meinen, wenn Ihr Geist dumpf und matt ist, dass Sie ihn mit dem klaren und scharfen Geist von jemand anderem tauschen können.

Falls es jedoch ein solches getrenntes Ich gäbe – selbst ins Leben gerufen und aus sich selbst heraus existierend –, dann müsste es klarer und deutlicher zu Tage treten unter dem Licht kompetenter Untersuchung darüber, ob dieses Selbst entweder als Geist oder als Körper existiert oder als die Ansammlung von Geist und Körper oder verschieden vom Geist und Körper. Tatsächlich ist es aber so, dass Sie das Selbst umso weniger finden, je näher Sie hinschauen. Es stellt sich heraus, dass dies für alles, für jedes Phänomen gilt. Die Tatsache, dass Sie sie nicht finden können, bedeutet, dass diese Phänomene nicht aus eigener Kraft heraus existieren; sie sind nicht selbst-begründet.

Irgendwann einmal während der frühen Sechziger, als ich über eine Textpassage von Tsongkhapa nachdachte über die Unauffindbarkeit von Phänomenen und die Tatsache, dass Phänomene von begrifflichem Denken abhängen, war es, als ob ein Blitz durch meine Brust jagte. Hier ist diese Passage:

> Das gesprenkelte Farbmuster und die Zusammenrollung eines aufgewickelten Seils sind denen einer Schlange ähnlich, und wenn das Seil im Halbdunkel wahrgenommen wird, entsteht der Gedanke: „Das ist eine Schlange." Was das Seil betrifft in dem Moment, wo es als Schlange gesehen wird, so sind die Ansammlung und die Teile des Seils nicht im Geringsten eine Schlange. Daher ist diese Schlange lediglich durch begriffliches Denken verursacht und etabliert. Genauso ist es, wenn der Gedanke „Ich" in Abhängigkeit von Geist und Körper entsteht: Nichts innerhalb des Geistes und des Körpers – weder die Ansammlung, die eine ununterbrochene Folge von früheren und späteren Momenten ist, noch die Ansammlung der Teile zu einer bestimmten Zeit, noch die einzelnen Teile, noch die ununterbrochene Folge von irgendwelchen der getrennten Teile – ist, auch nicht im Geringsten, das „Ich". Ebenso gibt es nicht im Geringsten etwas, das ein von Geist und Körper unterschiedenes Wesen ist und als das „Ich" begriffen werden kann. Folglich ist das „Ich" *nur* durch das begriffliche Denken, in Abhängigkeit von Geist und Körper, ver-

ursacht und etabliert; es wird nicht durch sein eigenes Wesen verursacht und etabliert.

Die heftige Wirkung dauerte eine Zeit lang, und wann immer ich während der folgenden Wochen Menschen sah, kamen sie mir wie die Täuschungen eines Zauberkünstlers vor, weil sie als inhärent existent erschienen, ich aber wusste, dass dies in Wirklichkeit nicht der Fall war. Diese Erfahrung, die wie ein erleichterndes Leuchten in meinem Herzen war, fand sehr wahrscheinlich auf einer Ebene unterhalb vollständig gültiger und unwiderlegbarer Erkenntnis statt. Zu diesem Zeitpunkt entwickelte ich ein echtes Verständnis davon, dass es wirklich möglich ist, die leidbringenden Emotionen zu beenden. Heute meditiere ich jeden Morgen über die Leerheit und bringe diese Erfahrung mit in die Aktivitäten des Tages. Nur „Ich" zu denken oder zu sagen wie zum Beispiel in dem Satz: „Ich werde dieses und jenes tun", löst dann oft schon das Gefühl aus. Aber noch immer kann ich nicht Anspruch auf ein umfassendes Verständnis der Leerheit erheben. Ein Bewusstsein, das sich inhärente Existenz vorstellt, hat keine gültige Grundlage. Ein weises Bewusstsein, das sich auf die Wirklichkeit stützt, versteht, dass Lebewesen und andere Phänomene – Geist, Körper, Gebäude und so weiter – nicht inhärent existieren. Das ist die Weisheit der Leerheit. Diese Weisheit überwindet schrittweise die Unwissenheit, indem sie die Wirklichkeit versteht, die dem Missverständnis von innewohnender Existenz genau entgegengesetzt ist.

Entfernen Sie die Unwissenheit, welche die Phänomene fälschlicherweise als inhärent existent auffasst, und Sie verhindern die Entstehung von leidbringenden Emotionen wie zum Beispiel Begierde und Hass. So kann das Leiden seinerseits aus dem Weg geräumt werden. Zusätzlich muss die Weisheit der Leerheit begleitet werden von der Motivation einer tiefen Fürsorge für andere (und von den mitfühlenden Taten, die durch diese tiefe Fürsorge angeregt werden), bevor sie die Hindernisse für die Allwissenheit beseitigen kann. Diese Hindernisse sind Veranlagungen, die uns und sogar unseren Sinnesbewusstseinsarten die Phänomene in falscher Weise erscheinen lassen, als würden sie inhärent, aus sich selbst heraus existieren. Daher erfordert umfassende spirituelle Praxis das Entwickeln und Verfeinern von *Weisheit* in Verbindung mit *großem Mitgefühl* und der *Absicht, Erleuchtung zu erlangen*, innerhalb derer man andere höher schätzt als sich selbst. Nur dann kann Ihr Bewusstsein in die Allwissenheit eines Buddha umgewandelt werden.

SELBST-LOSIGKEIT

Sowohl Buddhisten als auch Nicht-Buddhisten üben sich in der Meditation, um Freude zu finden und von Leiden frei zu werden, und sowohl innerhalb buddhistischer als auch nicht-buddhistischer Lehrgebäude ist das Selbst der zentrale Gegenstand der Untersuchung. Einige Nicht-Buddhisten, die die Wiedergeburt als wahr anerkennen, akzeptieren die vorübergehende Natur von Körper und Geist, glauben aber an ein Selbst, das unvergänglich, unveränderlich, ungeteilt und ganz ist. Obwohl buddhistische Schulen die Wiedergeburt als wahr anerkennen, vertreten sie die Ansicht, dass es ein solch festes, ununterbrochenes und stabiles Selbst nicht gibt. Für Buddhisten ist das Hauptthema der Übung in Weisheit die Leerheit – oder Selbst-losigkeit –, was die Abwesenheit eines unvergänglichen, ungeteilten, ganzen und unabhängigen Selbst bedeutet, oder, subtiler, die Abwesenheit von innewohnender Existenz sowohl in Lebewesen als auch anderen Phänomenen.

Die zwei Wahrheiten

Um die Leerheit oder Selbst-losigkeit zu begreifen, müssen Sie verstehen, dass alles, was existiert, in den zwei Wahrheiten enthalten ist: der herkömmlichen Wahrheit und der endgültigen Wahrheit. Die Phänomene, die wir um uns herum sehen und beobachten, können sich vom Guten zum Schlechten entwickeln oder vom Schlechten zum Guten, ganz in Abhängigkeit von unterschiedlichen Ursachen und Bedingungen. Man kann nicht von vielen Phänomenen sagen, dass sie aus sich selbst heraus gut oder schlecht seien; nur im Vergleich und nicht kraft ihrer eigenen Natur sind sie schlechter oder besser, groß oder klein, schön oder hässlich. Ihr Wert ist relativ. Daran können Sie erkennen, dass es eine Unstimmigkeit gibt zwischen der Art und Weise, wie die Dinge erscheinen, und der Art und Weise, wie sie in Wirklichkeit sind. Zum Beispiel kann etwas – vom Standpunkt seiner Erscheinung her – gut aussehen. Da dieses Etwas aber von seiner inneren Natur her von anderer Art ist, kann es sich in etwas Schlechtes verwandeln, sobald es von Bedingungen beeinflusst wird. Essen, das in einem Restaurant gut aussieht, kann Ihnen schlecht im Magen liegen. Das ist ein klarer Hinweis auf die Unstimmigkeit zwischen Erscheinung und Wirklichkeit.

Phänomene werden herkömmliche Wahrheiten genannt; sie werden von einem Bewusstsein, das nicht über die Erscheinungen hinausgeht, wahrgenommen. Aber dieselben Phänomene haben eine innere Art und Weise des Seins, die endgültige Wahrheit genannt wird und die durch Bedingungen verursachte Veränderungen ermöglicht. Ein erfahrenes Bewusstsein gibt sich nicht zufrieden mit bloßen Erscheinungen und untersucht, ob die Phänomene, so wie es den Anschein hat, aus sich selbst heraus existieren, entdeckt aber in den Phänomenen die Abwesenheit von inhärenter Existenz; das erfahrene Bewusstsein findet jenseits der Erscheinungen eine Leerheit von inhärenter Existenz.

Leer wovon?

Leerheit, oder Selbst-losigkeit, kann nur dann verstanden werden, wenn wir zuerst dasjenige bestimmen, wovon die Phänomene leer sind. Wenn Sie nicht verstehen, was verneint wird, können Sie dessen Abwesenheit, nämlich Leerheit, auch nicht verstehen. Sie könnten denken, dass Leerheit etwas wie ein Nichts oder Leere bedeutet. Das ist aber nicht der Fall. Es ist schwer, einfach nur durch Lesen den Gegenstand der Verneinung zu bestimmen und zu verstehen, wovon buddhistische Texte als inhärenter Existenz oder wirklichem Vorhandensein sprechen. Aber mit der Zeit, wenn Sie Ihre eigenen Untersuchungen dem Lesen hinzufügen, wird die Fehlerhaftigkeit unserer gewöhnlichen Art und Weise, die Dinge zu sehen, klarer und deutlicher hervortreten.

Buddha sagte viele Male, dass alle Phänomene relativ sind, da sie in Abhängigkeit entstanden sind – ihre Existenz hängt von anderen Ursachen und Bedingungen ab, und ihre Existenz hängt auch von ihren eigenen Bestandteilen ab. Ein Holztisch zum Beispiel existiert nicht unabhängig. Vielmehr hängt er von einer Vielzahl von Ursachen ab, wie zum Beispiel einem Baum; dem Schreiner, der ihn herstellt, und so weiter. Er hängt aber auch von seinen eigenen Bestandteilen ab. Falls ein Holztisch oder irgendein Phänomen wirklich unabhängig wäre – falls er aus sich selbst heraus bestünde –, dann müsste seine Existenz, die aus ihm selber kommt, immer klarer und deutlicher zu Tage treten, wenn man ihn untersuchte. Das ist aber nicht der Fall. Diese buddhistische Argumentation wird durch die Wissenschaft unterstützt. Physiker entdecken heute immer kleinere Bausteine der Materie, können aber immer noch nicht ihre endgültige Natur begreifen. Das Verstehen von Leerheit ist sogar noch schwieriger und tiefgründiger.

Je mehr Sie betrachten und untersuchen, wie ein unwissendes Bewusstsein sich die Existenzweise von Phänomenen vorstellt, desto mehr werden Sie feststellen, dass Phänomene nicht existieren. Je mehr Sie jedoch betrachten und untersuchen, was ein weises Bewusstsein versteht, umso mehr werden Sie Bestätigung finden für die Abwesenheit von inhärenter Existenz. Begierde und Hass werden von der Unwissenheit regiert und können daher nicht grenzenlos erzeugt werden.

Existieren Objekte?

Da wir gesehen haben, dass Phänomene, wenn man sie durch Analyse zu finden versucht, nicht gefunden werden können, könnten Sie sich fragen, ob diese Phänomene überhaupt existieren. Wir wissen jedoch aus eigener Erfahrung, dass Menschen und Dinge Freude und Schmerz verursachen und dass sie helfen oder schaden können. Daher existieren Phänomene ohne Zweifel. Die Frage ist, wie sie existieren. Sie existieren nicht aus sich selbst heraus, sondern haben eine Existenz, die auf vielen Faktoren beruht, einschließlich des Bewusstseins, das diese begrifflich denkend interpretiert.

Wenn Phänomene nun existieren, aber nicht aus sich selbst heraus, dann existieren sie notwendigerweise in Abhängigkeit von der Interpretation begrifflichen Denkens. Wenn uns jedoch Phänomene erscheinen, erscheinen sie überhaupt nicht so, als ob sie auf diese Art und Weise existierten. Vielmehr scheinen sie aus sich selbst heraus verursacht und ins Leben gerufen, ohne von der Interpretation eines begrifflich denkenden Bewusstseins abzuhängen.

Wenn Sie sich in der Entwicklung von Weisheit üben, versuchen Sie, durch Untersuchungen die inhärente Existenz des Objektes, das Sie gerade betrachten, zu finden, zum Beispiel von sich selbst, einer anderen Person, Ihrem Körper, Ihrem Geist oder irgendetwas anderem. Sie analysieren nicht nur die bloße Erscheinung, sondern auch die inhärente Natur des Objekts. Daher ist es nicht so, dass Sie zu einem Verständnis gelangen, dass das Objekt gar nicht existiert; vielmehr finden Sie heraus, dass seine inhärente Existenz unbegründet ist. Die Analyse widerspricht nicht der bloßen Existenz des Objekts. Phänomene existieren in der Tat, aber nicht in der Art und Weise, wie wir uns das denken.

Was nach unserer Analyse zurückbleibt, ist ein Phänomen, das in Abhängigkeit existiert. Wenn Sie beispielsweise Ihren eigenen Körper untersuchen, wird seine Existenz aus sich selbst heraus zwar negiert; was aber übrig bleibt, ist ein Körper, abhängig von vier Gliedmaßen, einem Rumpf und einem Kopf.

Wenn Phänomene leer sind, können sie dann eine Funktion ausüben?

Wenn wir über Objekte nachdenken, glauben wir dann fälschlicherweise, dass diese aus sich selbst heraus existieren? Nein. Wir können uns Phänomene auf drei verschiedene Arten vorstellen. Lassen Sie uns einen Baum betrachten. Es gibt keinen Zweifel daran, dass er *erscheint*, als ob er inhärent existierte, jedoch:

1. Wir könnten uns den Baum als inhärent, aus sich selbst heraus existent vorstellen.
2. Wir könnten uns den Baum ohne inhärente Existenz vorstellen.
3. Wir könnten uns den Baum vorstellen, ohne zu überlegen, ob er inhärent existiert oder nicht existiert.

Nur die erste dieser Möglichkeiten ist falsch. Die anderen beiden Modi des *Erfassens* sind richtig, auch wenn der Modus der *Erscheinung* in der zweiten und dritten Möglichkeit insofern falsch ist, als der Baum als inhärent existent erscheint.

Falls Objekte nicht inhärent existieren, heißt dies, dass sie keine Funktion erfüllen können? Aus der Tatsache, dass die wahre Natur von Phänomenen die Leerheit ist, die Schlussfolgerung zu ziehen, dass sie unfähig sind, eine Funktion auszuüben, wie zum Beispiel Freuden und Schmerzen zu verursachen oder zu helfen und zu schaden, ist die schlimmste Form von falschem Verständnis, eine nihilistische Sichtweise. Wie der indische Gelehrte und Yogi Nagarjuna in seinem *Kostbaren Kranz* sagt, wird ein Nihilist ganz gewiss eine schlechte Wiedergeburt nach seinem Tod erfahren, wohingegen eine Person, die, wenn auch fälschlicherweise, an die inhärente Existenz glaubt, eine gute Wiedergeburt erfahren wird.

Erlauben Sie mir, dies zu erklären. Sie brauchen die Überzeugung, dass Handlungen Konsequenzen haben, um in Ihrem Leben Tugendhaftigkeit anzunehmen und Untugendhaftigkeit abzulegen. Vorerst könnte es zu schwierig für Sie sein, die subtile Sichtweise der Leerheit von inhärenter Existenz zu verstehen, ohne in die Falle des Nihilismus zu gehen, der uns daran hindert, zu verstehen, dass Phänomene in Abhängigkeit von Ursachen und Bedingungen entstehen (abhängiges Entstehen). Um Ihres spirituellen Fortschrittes willen wäre es besser, erst einmal nicht den Versuch zu unternehmen, die Leerheit zu ergründen. Selbst wenn Sie fälschlicherweise glauben, dass Phänomene inhärent existieren, können Sie dennoch ein Verständnis des abhängigen Entstehens entwickeln und dieses in den Übungen anwenden. Das ist der Grund, warum sogar Buddha gelegentlich gelehrt hat, dass Lebewesen und andere Phänomene inhärent existieren. Solche Lehren sind der Gedanke der *Schriften* Buddhas, aber sie sind nicht *sein eigenes* endgültiges Denken. Für bestimmte Zwecke sprach Buddha manchmal auf nicht-endgültige Art und Weise.

Da alle Phänomene als aus sich selbst heraus existent erscheinen, sind alle unsere gewöhnlichen Wahrnehmungen falsch. Nur wenn die Leerheit während vollständig fokussierter Meditation direkt erkannt und verwirklicht wird, gibt es keine falsche Erscheinung. Zu diesem Zeitpunkt ist der Dualismus von Subjekt und Objekt ebenso verschwunden wie die Erscheinung von Vielfältigkeit; nur die Leerheit erscheint. Sobald Sie diese Meditation beenden, scheinen Lebewesen und Dinge wieder fälschlicherweise aus sich selbst heraus zu existieren. Doch weil Sie in der Meditation die Leerheit erkannt und verwirklicht haben, werden Sie den Widerspruch zwischen Erscheinung und Wirklichkeit erkennen. Durch die Meditation haben Sie sowohl den fehlerhaften Modus der Erscheinung als auch den fehlerhaften Modus des Erfassens erkannt.

Lassen Sie uns zum zentralen Punkt zurückkommen: Wir alle haben ein Gefühl von „Ich". Wir müssen aber erkennen, dass dieses „Ich" nur bezeichnet wird in Abhängigkeit von Geist und Körper. Die Selbst-losigkeit, von der Buddhisten sprechen, bezieht sich auf die Abwesenheit eines Selbst, welches unvergänglich, nicht aus Teilen zusammengesetzt und unabhängig ist. Auf subtilere Weise kann Selbst-losigkeit auf die inhärente Existenz eines jeden Phänomens bezogen werden. Buddhisten wertschätzen jedoch die Existenz eines Selbst, das sich von Moment zu Moment verändert und das in Abhängigkeit vom Kontinuum von Geist und Körper bezeichnet wird. Jeder und jede von uns hat berechtigterweise dieses Gefühl von „Ich". Wenn Buddhisten von der Doktrin der Selbst-losigkeit sprechen, dann meinen wir nicht die Nichtexistenz dieses Selbst. Mit diesem „Ich" möchten wir alle Glück erreichen und Leid vermeiden. Nur wenn wir unsere Wahrnehmung von uns selbst und von anderen Phänomenen in die Bedeutung von etwas inhärent Existentem übertreiben, werden wir in zahlreiche Probleme verwickelt.

ZUSAMMENFASSUNG FÜR DIE TÄGLICHE ÜBUNG

Als eine Übung dafür, zu erkennen, wie Objekte und Lebewesen fälschlicherweise erscheinen, versuchen Sie Folgendes:

1. Beobachten Sie, wie ein Gegenstand, zum Beispiel eine Uhr, in einem Geschäft erscheint, wenn Sie zum ersten Mal Notiz von ihm nehmen; wie er sich dann verändert und gegenständlicher und greifbarer wird, sowie sich Ihr Interesse daran verstärkt; und wie er schließlich erscheint, nachdem Sie ihn gekauft haben und als Ihr Eigentum betrachten.
2. Denken Sie darüber nach, wie Sie selbst Ihrem Geist erscheinen, als ob Sie aus sich selbst heraus existent wären. Denken Sie dann darüber nach, wie andere und deren Körper Ihrem Geist erscheinen.

NEUNTES KAPITEL

Der Mittlere Weg

DIE NOTWENDIGKEIT VON KONZENTRATION UND WEISHEIT

Die buddhistischen Schriften sagen uns, dass, wenn man die Leerheit erkennt, sich die Illusion von inhärenter Existenz abschwächt. Nach einer einzigen, kurzen Erkenntnis ist dies jedoch unwahrscheinlich. Falls Sie noch nicht einsgerichtete Konzentration (ruhiges Verweilen des Geistes) erlangt haben, können Sie ein bloß intellektuelles Verstehen der Leerheit nicht dazu verwenden, die Illusion inhärenter Existenz mit den Wurzeln auszureißen. Vielmehr müssen Sie immer wieder Untersuchungen anstellen. Durch konzentrierte Meditation wird Ihr Geist stark, tiefgründig und stabil werden und fähig zur einsgerichteten Konzentration auf die Leerheit – was schrittweise dazu verhilft, die gröberen Ebenen der falschen Wahrnehmung der Wirklichkeit zu verringern.

Das ist der Grund dafür, warum sowohl Buddhas Sutras als auch die drei unteren Tantra-Klassen davon sprechen, dass ruhiges Verweilen (konzentrierte Meditation) eine Grundvoraussetzung für besondere Einsicht (Weisheit) ist. Die stabilisierende Meditation, die beim ruhigen Verweilen angewandt wird und die analytische Meditation, die während der besonderen Einsicht angewandt wird, werden nicht aufgrund der Gegenstände der Meditation unterschieden; beide können entweder die Leerheit oder konventionelle Phänomene als ihren Fokus haben. Der Unterschied ist folgender: Die Betrachtung von Leerheit aus einem Zustand des ruhigen Verweilens heraus verlangt eine körperliche und geistige Geschmeidigkeit und Elastizität, die durch die stabilisierende Meditation über die Leerheit erreicht wird. Eine die Leerheit betrachtende besondere Einsicht erfordert darüber hinaus eine körperliche und geistige Geschmeidigkeit und Elastizität, die durch analytische Meditation in Bezug auf die Leerheit hervorgerufen wird. Diese Stufe von Geschmeidigkeit und Elastizität kann nur erklommen werden, nachdem man bereits die niedrigere Stufe von Geschmeidigkeit, die durch die stabilisierende Meditation entwickelt wird, erreicht hat. Daher müssen Sie ruhiges Verweilen vor der besonderen Einsicht verwirklichen.

Obwohl ruhiges Verweilen erlangt werden kann, indem man die Leerheit zum Gegenstand der Meditation nimmt, ist dies nur für Praktizierende gedacht, die die Leerheit bereits verstanden haben. Gewöhnlich erreichen die Praktizierenden jedoch zuerst einsgerichtete Meditation und gewinnen dann eine Einsicht in die Leerheit mittels wohl durchdachter Untersuchungen.

DIE NOTWENDIGKEIT VON LOGISCHEM DENKEN

Alle buddhistischen Schulen stimmen darin überein, dass der logische Untersuchungsprozess, der zu Schlussfolgerungen gelangt (eine konzeptionelle Verwirklichung), von grundlegender, mit anderen geteilter und direkter Wahrnehmung herrührt. Lassen Sie uns als Beispiel folgende Beweisführung betrachten:

Eine Pflanze existiert nicht inhärent, da sie etwas in Abhängigkeit Entstandenes ist.

Wir beginnen damit, über die Tatsache nachzudenken, dass eine Pflanze etwas in Abhängigkeit Entstandenes ist, da ihr Entstehungsprozess von bestimmten Ursachen und Bedingungen (wie zum Beispiel einem Samen, der Erde, Sonnenlicht und Wasser) abhängt. Doch schließlich muss der Prozess der Beweisführung von direkter Wahrnehmung bestätigt werden, oder er wird haltlos. Wir können mit unseren Augen wahrnehmen, dass Pflanzen sich verändern; sie wachsen, werden reif und vertrocknen schließlich. In diesem Sinne ist die Schlussfolgerung blind, da sie sich am Ende auf die direkte Wahrnehmung stützen muss. Schlussfolgerungen hängen von logischer Beweisführung ab, welche sich ihrerseits auf grundlegende, mit anderen geteilte und unbestreitbare Erfahrung durch direkte Wahrnehmung stützt.

Objekte, die man wissen kann, können in drei Kategorien eingeteilt werden: die offensichtlichen, die leicht verborgenen und die sehr verborgenen. Um einen sehr verborgenen Gegenstand zu verstehen, ist es notwendig, sich auf die Schriften zu verlassen. Aber auch für diese Art von Schlussfolgerung ist es nicht ausreichend, einfach nur eine Schrift zu zitieren, um eine andere Schrift für richtig zu erklären. Man muss untersuchen, ob:

- es zu diesem Thema irgendwelche inneren Widersprüche innerhalb der Schriften gibt;
- es irgendwelche Widersprüche gibt zwischen dem, was die Schrift über das Thema sagt und dem, was in der direkten Wahrnehmung offensichtlich wird;
- es irgendwelche Widersprüche gibt zwischen dem, was die Schrift über das Thema sagt und dem, was durch grundlegende Schlussfolgerung, durch Beweisführung erlangt und verstanden werden kann.

Daher sind sogar in diesen sehr verborgenen, auf den Schriften basierenden Fällen logische Untersuchungen notwendig.

Buddha stellte vier Schritte auf, um Verlässlichkeit herzustellen.

1. Verlasse dich nicht nur auf die Person, sondern verlasse dich auf die Lehre.
2. Im Hinblick auf die Lehre, verlasse dich nicht nur auf die Worte, sondern verlasse dich auf die Bedeutung.
3. Im Hinblick auf die Bedeutung, verlasse dich nicht nur auf die Bedeutung, die der Interpretation bedarf, sondern verlasse dich auf die endgültige Bedeutung.
4. Im Hinblick auf die endgültige Bedeutung, verlasse dich nicht nur auf dualistisches Verstehen, sondern verlasse dich auf die Weisheit der direkten Wahrnehmung der Wahrheit.

Buddha sagte auch:

> So wie Gold, das man im Feuer brennt, schneidet und reibt,
> Sollte mein Wort von Mönchen, Nonnen und Gelehrten
> angenommen werden,

Indem sie es gründlich untersuchen
Und nicht aus Respekt [mir gegenüber].

Für den Prozess einer Beweisführung ist es sehr wirksam, absurde Konsequenzen falscher Annahmen darzulegen, um den Einfluss dieser falschen Sichtweise abzuschwächen und dann eine Beweisaussage zu treffen. Als ich in meiner Jugend Logik studierte, sagte mir einmal ein Gelehrter, dass es sowohl in einer Debatte mit einem Buddhisten, der die inhärente Existenz verteidigt, als auch in der eigenen analytischen Meditation eine eher zaghafte Annäherung ist, eine syllogistische Behauptung wie diese aufzustellen: „Mein Körper ist ohne inhärente Existenz, da er etwas in Abhängigkeit Entstandenes ist." Wirksamer ist, eine absurde Konsequenz zu verwenden wie zum Beispiel: „Es kann gefolgert werden, dass mein Körper nicht in Abhängigkeit entstanden ist, da er inhärent existiert." Denn es ist eine der fundamentalen Grundlagen des Buddhismus, dass alle Phänomene in Abhängigkeit entstehen.

DIE VEREINBARKEIT VON ABHÄNGIGEM ENTSTEHEN UND LEERHEIT

Die Tatsache, dass Phänomene in Abhängigkeit entstehen, wird als die endgültige Begründung benutzt, um die Leerheit zu etablieren, sowohl von Buddha selbst, indem er die Sutras verkündete, als auch von Nagarjuna und seinen spirituellen Söhnen – Aryadeva, Buddhapalita und Chandrakirti.

Dies deutet darauf hin, dass Phänomene im Allgemeinen nicht nicht-existent sind und dass vergängliche Phänomene eine Funktion erfüllen können. Als Buddha zum ersten Mal die Vier Edlen Wahrheiten lehrte, hat er zuerst die wahren Leiden, Ursprünge, Beendigungen und Wege aufgezeigt und dann gesagt:

> Die Leiden müssen erkannt werden, doch es gibt nichts zu erkennen. Die Ursprünge des Leidens müssen aufgegeben werden, doch es gibt nichts aufzugeben. Die Beendigung des Leidens muss verwirklicht werden, doch es gibt nichts zu verwirklichen. Der Weg muss meditiert werden, doch es gibt nichts zu meditieren.

Die Bedeutung dieser Aussage ist Folgende: Obwohl es Faktoren unter den Vier Edlen Wahrheiten gibt, die *konventionell* (und begründet) erkannt, aufgegeben, verwirklicht und meditiert werden müssen, gibt es nichts, was *letzten Endes* erkannt, aufgegeben, verwirklicht und meditiert werden muss. Vom Standpunkt der endgültigen Wirklichkeit aus ist dies alles jenseits von Aktivität; in der Leerheit von inhärenter Existenz hat alles den gleichen Geschmack. Auf diese Weise hat Buddha die Perspektiven der beiden Wahrheiten, der konventionellen und der endgültigen, dargelegt.

Alle Phänomene – Ursachen und Wirkungen, Handlungen und Handelnde, gut und böse und so weiter – existieren nur konventionell, existieren nur dem Namen nach; sie sind etwas in Abhängigkeit Entstandenes. Da Phänomene für ihre Existenz von anderen Faktoren abhängen, sind sie nicht unabhängig. Diese Abwesenheit von Unabhängigkeit – oder Leerheit von inhärenter Existenz – ist die eigene endgültige Wahrheit der Phänomene. Sie werden dahin gelangen, diese wirkliche Leerheit von inhärenter Existenz zu verstehen, sobald Sie mit den bloßen Erscheinungen unzufrieden werden und Untersuchungen anstellen, um unter der Oberfläche zu forschen.

Wenn Sie Erscheinung und Leerheit völlig verstanden haben, werden Sie auch verstehen, dass sie in Harmonie miteinander sind. Erscheinung schließt Leerheit nicht aus, und Leerheit schließt Erscheinung nicht aus. Wenn es Ihnen nicht gelingt, dies zu verstehen, könnten Sie an Tugendhaftigkeit, Untugendhaftigkeit, Ursache und Wirkung und so weiter glauben, aber dann unfähig dazu sein, an die Leerheit zu glauben. Entsprechend könnten Sie denken, dass Sie die Leerheit verstehen, aber dann unfähig sein, an die Wahrheit von Ursache und Wirkung – Hilfe oder Schaden, Freude oder Schmerz – zu glauben, die in Abhängigkeit von Bedingungen entstehen. Ohne ein richtiges Verständnis scheinen sich Leerheit und Erscheinung gegenseitig auszuschließen.

Phänomene sind jedoch leer von inhärenter Existenz, *weil* sie für ihre Existenz von anderen Bedingungen abhängen. Und umgekehrt sind Phänomene imstande, eine Funktion zu erfüllen, *weil* sie leer sind von der Festigkeit inhärenter Existenz. Falls Phänomene nicht leer von inhärenter Existenz wären, falls sie *wirklich* aus ihrer eigenen Kraft heraus existierten, dann könnten sie nicht von anderen Ursachen und

Wirkungen beeinflusst werden – sie würden sich nicht verändern. In diesem Fall würden sie nicht Freude und Schmerz, Nutzen oder Schaden zufügen. Gut und Böse wären unmöglich.

Die vollständige Erkenntnis von Entstehung in Abhängigkeit bringt das zweifache Verständnis von Erscheinung und Leerheit von inhärenter Existenz mit sich. Die Extreme von vollkommener Nichtexistenz einerseits und inhärenter Existenz andererseits werden durch dieses Doppelverständnis gleichzeitig aus dem Weg geräumt. Das Wissen, dass Phänomene entstehen, verhindert den Glauben an das Extrem des Nihilismus, indem es zulässt, dass Objekte und Lebewesen eine Funktion in dieser Welt erfüllen – was die Ursache und Wirkung von Karma ermöglicht. Das Wissen, dass Phänomene abhängig sind, verhindert ebenso den Glauben an das Extrem von inhärenter Existenz, indem es die Annahme ausschließt, dass Phänomene aus sich selbst heraus existierten. Indem Sie diese beiden Wahrheiten verstehen, gelangen Sie zum Mittleren Weg.

Das Herz-Sutra

Was ist die Beziehung zwischen Objekten und ihrer Leerheit? Dieses tiefgründige Thema wird in einer Schrift über die Vollkommenheit der Weisheit angesprochen, die das *Herz-Sutra* genannt wird. Dieses Herz-Sutra wird in allen buddhistischen Ländern des Großen Fahrzeuges, wie zum Beispiel China, Japan, Korea, der Mongolei, Tibet und Vietnam täglich rezitiert und meditiert. Es ist eine kurze und prägnante Darstellung des Buddha über die Weisheit, die erforderlich ist, um Probleme an ihrer Wurzel zu überwinden und die Allwissenheit eines Buddha zu erlangen – in Verbindung mit einer Motivation, die sich an anderen orientiert und in Verbindung mit mitfühlenden Handlungen. Hier folgt das Herz-Sutra in seiner Gesamtheit:

> *Verehrung und Hochachtung der überweltlichen siegreichen Vollkommenheit der Weisheit.*
>
> *So habe ich gehört: Einst weilte der Siegreich Erhabene zusammen mit einer großen Gemeinschaft von Mönchen und*

Nonnen und einer großen Gemeinschaft von Bodhisattvas auf dem Geierberg in Rajagriha. Zu jener Zeit war der Siegreich Erhabene vertieft in die konzentrierte Meditation über die Aufzählungen der Phänomene, welche „Wahrnehmung des Tiefgründigen" genannt wird. Zu jener Zeit nahm auch der Bodhisattva Großes Wesen, der Herausragende Avalokiteshvara, die Ausübung der tiefgründigen Vollkommenheit der Weisheit wahr und betrachtete auch diese fünf Anhäufungen [Formen, Empfindungen, Wahrnehmungen, geistige Formkräfte und Bewusstsein] als leer von inhärentem Sein.

Dann, durch die Kraft des Buddha, sprach der Ehrwürdige Shariputra zum Bodhisattva Großes Wesen, dem Herausragenden Avalokiteshvara:

„Wie sollte sich ein Kind edler Abstammung, welches die tiefgründige Vollkommenheit der Weisheit auszuüben wünscht, üben?"

Der Bodhisattva Großes Wesen, der Herausragende Avalokiteshvara antwortete Shariputra:

„Shariputra, Söhne oder Töchter edler Abstammung, welche die tiefgründige Vollkommenheit der Weisheit auszuüben wünschen, sollten [Phänomene] wie folgt betrachten. Sie sollten auch diese fünf Anhäufungen fehlerfrei und vollständig als leer von inhärenter Existenz betrachten. Form ist Leerheit; Leerheit ist Form. Leerheit ist nichts anderes als Form; Form ist nichts anderes als Leerheit Genauso sind Empfindungen, Wahrnehmungen, geistige Formkräfte und Bewusstsein leer.

Shariputra, auf diese Weise sind alle Phänomene leer – ohne Eigenschaften, nicht hergestellt, nicht aufhörend, nicht verunreinigt, nicht getrennt von Verunreinigungen, nicht abnehmend, nicht zunehmend. Daher, Shariputra, gibt es in der Leerheit keine Formen, keine Empfindungen, keine Wahrnehmungen, keine geistigen Formkräfte, kein Bewusstsein; keine Augen, keine Ohren, keine Nase, keine Zunge, keinen Körper, keinen Geist; keine Formen, keine Töne, keine Gerüche, keine Geschmäcker, keine berührbaren Objekte, keine [anderen] Phänomene. In der Leerheit gibt es kein Element des Auges bis hin zu keinem Element des Geistes und einschließlich keinem Ele-

ment des geistigen Bewusstseins. In der Leerheit gibt es keine Unwissenheit bis einschließlich kein Altern und keinen Tod. Ebenso gibt es in der Leerheit kein Leiden, keine Ursprünge, keine Beendigungen, keinen Weg; keine erhabene Weisheit, kein Erlangen und auch kein Nicht-Erlangen.

Daher, Shariputra, da es für die Bodhisattvas, die großen Wesen, kein Erlangen gibt, stützen sie sich auf und verweilen in dieser tiefgründigen Vollkommenheit der Weisheit. Ihr Geist ist ohne Hindernisse und ohne Furcht. Indem sie Fehler vollständig hinter sich gelassen haben, gehen sie bis zur Endgültigkeit des Nirvana. Auch alle Buddhas der Vergangenheit, Gegenwart und Zukunft erwachen eindeutig und vollkommen in die unübertroffene, vollständige, makellose Erleuchtung, indem sie sich auf diese tiefgründige Vollkommenheit der Weisheit verlassen.

Daher ist das Mantra der Vollkommenheit der Weisheit das Mantra großartiger Erkenntnis, das unübertroffene Mantra, das Mantra, welches dem Unvergleichlichen gleicht, das Mantra, welches alle Leiden vollständig aufhebt. Da es nicht falsch ist, sollte es als wahr erkannt werden. Das Mantra der Vollkommenheit der Weisheit lautet:

Tadyata gate gate paragate parasamgate bodhi svaha. (Es ist so: Gehe, gehe, gehe jenseits, gehe ganz jenseits, sei in Erleuchtung verwurzelt.)

In dieser Weise, Shariputra, sollten sich Bodhisattvas, die Großen Wesen, in der tiefgründigen Vollkommenheit der Weisheit üben."

Da erhob sich der Siegreich Erhabene aus der konzentrierten Meditation und sprach zum Bodhisattva Großes Wesen, dem Herausragenden Avalokiteshvara:

„Gut, gut, gut. Kind edler Abstammung, so ist es. So ist es. In genau dieser Weise, in der du es gezeigt hast, sollte die tiefgründige Vollkommenheit der Weisheit geübt werden. Sogar die So-Gegangenen bewundern dies."

Nachdem der Siegreich Erhabene dies verkündet hatte, bewunderten dies der Ehrwürdige Shariputra, der Bodhisattva Großes Wesen Avalokiteshvara, alle in der sie umgebenden Gefolg-

schaft und die weltlichen Wesen – die Götter, Menschen, Halbgötter und Geruchsesser eingeschlossen – und lobten, was der Siegreich Erhabene gesprochen hatte.

Form und Leerheit

Indem ich mich auf eine lange Tradition indischer und tibetischer Kommentare stütze, möchte ich hier etwas Stoff zum Nachdenken über diese zentrale Stelle anbieten: „Form ist Leerheit; Leerheit ist Form. Form ist nichts anderes als Leerheit; Leerheit ist nichts anderes als Form." Diese prägnante Aussage enthält sehr viel Bedeutung:

1. Alle Menschen und Dinge hängen von ihren Ursachen und von ihren Bestandteilen ab und können nicht unabhängig von diesen existieren. Sie alle sind etwas in Abhängigkeit Entstandenes; konsequenterweise sind sie leer von inhärenter Existenz. Da alle Phänomene in Abhängigkeit entstanden sind, haben sie Leerheit als ihre Natur.
2. Umgekehrt müssen Lebewesen und Dinge, da sie keine unabhängige oder inhärente Natur besitzen, auf andere Faktoren angewiesen sein. Sie müssen etwas in Abhängigkeit Entstandenes sein.
3. Die Leerheit der Formen ist von den Formen selbst nicht getrennt. Formen an sich, die aufgrund der Gegenwart von Bedingungen entstehen und zerfallen, sind aus ihrer eigenen Natur heraus leer von inhärenter Existenz.
4. Diese Abwesenheit von inhärenter Existenz ist ihre endgültige Wirklichkeit, die Art und Weise ihres Bestehens, die endgültige Art und Weise ihres Seins.
5. Zusammengefasst: Das Entstehen und Vergehen, die Zunahme und Abnahme und so weiter, von Formen ist nur möglich, da Formen leer von selbst-bewirkter Existenz sind. Es wird gesagt, dass Phänomene, wie zum Beispiel Formen, von innerhalb der Sphäre der Natur der Leerheit heraufdämmern und entstehen.

Konsequenterweise sagt das Herz-Sutra: „Form ist Leerheit; Leerheit ist Form. Form ist nichts anderes als Leerheit; Leerheit ist nichts anderes als Form.“ Auf diese Weise wird gezeigt, dass Leerheit und Entstehen in Abhängigkeit miteinander in Harmonie sind.

Kurz gesagt sind Formen nicht leer wegen der Leerheit, Formen an sich sind leer. Leerheit bedeutet nicht, dass ein Phänomen leer davon ist, irgendein anderes Objekt zu sein, sondern dass es selbst leer von seiner eigenen inhärenten Existenz ist. Dass eine Form Leerheit ist, bedeutet, dass die endgültige Natur einer Form ihr natürliches Fehlen von inhärenter Existenz ist; da Formen etwas in Abhängigkeit Entstandenes sind, sind sie leer von einem unabhängigen, selbst-bewirkten Wesen. Dass Leerheit Form ist, bedeutet, dass dieses natürliche Fehlen von inhärenter Existenz – welches die Abwesenheit eines selbst-angetriebenen Prinzips ist – die Formen ermöglicht, die deren Spielart sind oder die aus ihr begründet sind in Abhängigkeit von Bedingungen. Da Formen die Grundlagen der Leerheit sind, ist Leerheit Form; Formen erscheinen wie die Reflexionen der Leerheit.

Nach meiner eigenen Erfahrung ist es einfacher zu verstehen, dass die Dinge, da sie in Abhängigkeit entstanden sind, leer von inhärenter Existenz sind, als zu verstehen, dass die Dinge, da sie leer sind, etwas in Abhängigkeit Entstandenes sein müssen. Obwohl ich intellektuell das Letztere sehr wohl weiß, ist die konkrete Erfahrung davon auf der Ebene des Gefühls schwieriger. Heutzutage reflektiere ich oft über eine Aussage im *Kostbaren Kranz* von Nagarjuna:

> Eine Person ist nicht Erde, nicht Wasser,
> Nicht Feuer, nicht Wind, nicht Raum,
> Nicht Bewusstsein, und nicht alle diese zusammen.
> Welche Person gibt es, anders als diese?

Zuerst betrachtet Nagarjuna, ob die physischen Elemente des Körpers – Erde (harte Substanzen), Wasser (Flüssigkeiten), Feuer (Wärme), Wind (Luft) und Raum (die Leerräume wie zum Beispiel die Speiseröhre) – das Selbst sein könnten. Als Nächstes untersucht er das Bewusstsein. Dann betrachtet er, ob die Ansammlung von allen diesen das Selbst sein kann. Schließlich stellt er die rhetorische Frage, ob das Selbst etwas anderes als diese sein könnte. Auf keinem dieser Wege kann das Selbst gefunden werden.

Nagarjuna zieht dann nicht sofort die Schlussfolgerung, dass das Selbst nicht wirklich ist. Vielmehr sagt er unmittelbar nach diesem Vers, dass das Selbst nicht nicht-existent, sondern etwas in Abhängigkeit Entstandenes ist, das in Abhängigkeit von den sechs oben genannten Bestandteilen verursacht und gebildet wird. Dann zieht er, auf dieser Tatsache der Abhängigkeit gründend, die Schussfolgerung, dass das Selbst nicht wirklich ist:

> Eine Person ist nicht wirklich,
> Da sie eine Zusammensetzung von sechs Bestandteilen [und in Abhängigkeit davon verursacht und gebildet] ist.

„Nicht wirklich" heißt hier nicht *nur*, dass das Selbst nicht gefunden werden kann, wenn man es aus den sechs Bestandteilen heraus, oder isoliert davon, sucht. Nagarjuna macht die Feststellung: Obwohl der Geist, der die Leerheit inhärenter Existenz erkennt, ein reines Nichtvorhandensein sieht, unterstützt genau dieser Geist ein Verständnis, dass das Selbst etwas in Abhängigkeit Entstandenes ist. Ich finde, dass die Art und Weise, wie Nagarjuna dies präsentiert, große Kraft hat. Er vermeidet sowohl das Extrem der Annahme, dass das Selbst inhärent existiert als auch das Extrem der Annahme, dass das Selbst überhaupt nicht existiert. Genau wie die beiden Seiten einer Hand: Wenn man die eine Seite betrachtet und ihre tiefere Natur untersucht, gibt es da die Leerheit von inhärenter Existenz. Wenn man jedoch die andere Seite betrachtet, dann gibt es da die Erscheinung des Phänomens an sich. Sie sind eine Entität. Folglich: Form ist Leerheit, und Leerheit ist Form.

Sie müssen verstehen können, dass die Bedeutung der Leerheit auch die Bedeutung des Entstehens in Abhängigkeit ist. Sie sind tief miteinander verbunden. Indem Ihre Einsicht in die Leerheit klarer und deutlicher wird, werden Sie mehr und mehr erkennen, dass Objekte von Ursachen und Bedingungen und von ihren Bestandteilen abhängen und dass Objekte Freude und Leid bewirken, gerade *weil* sie nicht inhärent existieren. Wenn Sie dahin kommen, dass Ihnen alles sinnlos vorkommt, da es leer ist, dann verwechseln Sie Leerheit mit Nihilismus. Die Leerheit richtig zu verstehen, bedeutet zu erkennen, wie wir uns auf Ursache und Wirkung verlassen müssen. Das vollständige und natürliche Verständnis von Leerheit bedeutet ein tiefes und gründliches Verständnis der Einheit von Erscheinung und Leerheit.

Das Verstehen der Leerheit ist fantastisch, nicht wahr? Es kann als Gegenmittel gegen das Missverständnis der inhärenten Existenz dienen, und außerdem unterstützt es ein größeres Verständnis von Ursache und Wirkung. Das ist wirkliches Verständnis der Leerheit. Es ist unmöglich, die Bedeutung und Tragweite der Erkenntnis der Leerheit zu erläutern, wenn man nur eine Erklärung davon hört oder liest. Das ist etwas, woran man über einen langen Zeitraum hinweg arbeiten muss, zusammen mit den Übungen in Ethik: davon Abstand nehmen, anderen zu schaden; Mitgefühl ausdehnen und die Buddhas, Bodhisattvas und andere Lehrer um Hilfe zur Überwindung von Hindernissen bitten. Wir brauchen viele positive Ursachen.

ZUSAMMENFASSUNG FÜR DIE TÄGLICHE ÜBUNG

Denken Sie oft darüber nach, wie Phänomene in Abhängigkeit von Ursachen und Bedingungen entstehen, und versuchen Sie zu erkennen, wie dieses Entstehen in Abhängigkeit der Art und Weise entgegengesetzt ist, wie Personen und Dinge erscheinen: als stabil existent, als aus sich selbst heraus existierend, als inhärent existierend. Wenn Sie zum Nihilismus neigen, dann denken Sie mehr über das Entstehen in Abhängigkeit nach. Falls Sie durch die Konzentration auf Ursachen und Bedingungen dazu neigen, die inhärente Existenz von Phänomenen zu verstärken, dann legen Sie mehr Betonung darauf, wie das Entstehen in Abhängigkeit dieser so stabilen Erscheinung widerspricht. Sie werden wahrscheinlich von der einen Seite zur anderen gezogen werden. Den wirklichen Mittleren Weg zu finden, braucht Zeit.

ZEHNTES KAPITEL

Der Geist
und die eigentliche Natur des Geistes

In einer Schrift über die Vollkommenheit der Weisheit macht Buddha die folgende tiefgründige Aussage:

> Im Geist ist der Geist nicht zu finden; die Natur des Geistes ist klares Licht.

Um die Ebenen der Bedeutung in dieser Aussage zu begreifen, müssen wir erkennen, was der Geist ist; wir müssen die tiefere Natur des Geistes untersuchen und erforschen, wie gute und schlechte Wirkungen entstehen. Lassen Sie uns die verschiedenen Teile der Aussage untersuchen.

1. Der Passus „im Geist" beschäftigt sich damit, was der Geist ist – seine leuchtende, klare und erkenntnisfähige Natur. Im siebten Kapitel über konzentrierte Meditation haben wir über die leuchtende, klare und erkenntnisfähige Natur des Geistes gesprochen und darüber, dass es notwendig ist, vorausgegangene Gedanken beiseite zu lassen und neue Gedanken nicht aufzunehmen, wenn wir diese Natur des Geistes erkennen wollen, obwohl sie in jedem Augenblick des Geistes vorhanden ist.
2. Der Passus „ist der Geist nicht zu finden" weist darauf hin, dass das Leuchten und die erkenntnisfähige Natur nicht die tiefste und letztendliche Natur des Geistes sind. Die letztendliche Natur des Geistes ist vielmehr das „klare Licht", seine Leerheit von inhärenter Existenz.

Sie könnten denken, dass Buddha sagt, dass der Geist nicht existiert, doch das ist nicht der Fall. Ich, als der Erklärende, erläutere diese Aussage durch das Wirken meines eigenen Geistes. Und Sie, die Leserin oder der Leser, nehmen dies durch das Wirken Ihres eigenen Geistes auf. Wir benutzen ständig den Geist, und der Geist ist immer direkt bei uns, doch wir kennen ihn nicht gut. Somit existiert der Geist, obwohl es schwierig ist, ihn zu erkennen, und er wird daraufhin untersucht, ob er seine eigene tiefgründige Natur ist.

Es ist offensichtlich, dass der Geist existiert. Wie aber ist die Art und Weise seines Seins, da er ja nicht auf seiner eigenen endgültigen Natur oder grundlegenden Wesensart begründet ist? Seine tiefgründige Natur ist die reine Leerheit von seiner eigenen inhärenten Existenz. Das bedeutet, dass die fehlerhaften Befleckungen, die den Geist verunreinigen, wie zum Beispiel Unwissenheit, Begierde und Hass, vorübergehend und daher vom Geist abtrennbar sind. Wenn wir einmal diese Befleckungen als oberflächlich und nicht in der grundlegenden Natur des Geistes liegend verstanden haben, sehen wir, dass die tiefgründige Natur des Geistes das klare Licht, die Leerheit, ist.

BEFLECKUNGEN SIND OBERFLÄCHLICH, DIE NATUR DES GEISTES IST KLARES LICHT

Buddhistische Texte erklären die Aussage „Befleckungen sind oberflächlich, die Natur des Geistes ist klares Licht“ auf verschiedene Weise. Das bedeutet aber nicht, dass Buddha etwas so Vages sagt, dass es auf jede beliebige Art und Weise, die man sich wünscht, interpretiert werden könnte. Vielmehr hat diese Aussage viele verschiedene explizite und implizite Bedeutungen. Im Höchsten Yoga-Tantra gibt es viele Methoden, um aus einer schwer verständlichen Aussage Bedeutung herauszuziehen. Man kann die wörtliche, die allgemeine, die verborgene und die endgültige Bedeutung einer Aussage erklären.

Um Buddhas Aussage „Befleckungen sind oberflächlich, die Natur des Geistes ist klares Licht“ zu erklären, möchte ich das *Tantra der magischen Anordnung* zitieren, welches ein Ausschnitt aus dem *Tantra der Wiederholung der Namen Manjushris* ist:

> Die vollkommenen Buddhas entstehen aus dem *A*.
> *A* ist der höchste der Buchstaben.

Von den vier oben aufgeführten Bedeutungen werde ich eine *allgemeine* Erklärung für diese Aussage geben. Der Buchstabe *A* ist ein verneinendes Partikel im Sanskrit. Es deutet auf die Leerheit hin, welche die Abwesenheit, oder Verneinung, von inhärenter Existenz ist. Wenn das *Tantra der magischen Anordnung* sagt: „Die vollkommenen Buddhas entstehen aus dem *A*", so bedeutet dies, dass die Buddhas aus der Noumenon-Sphäre der Leerheit heraufdämmern. Oder anders ausgedrückt: Die Buddhas entstehen aus der Meditation über die Leerheit inhärenter Existenz. Durch die Meditation werden die Befleckungen in der Noumenon-Sphäre der Wirklichkeit (d.h. in der Leerheit von inhärenter Existenz) ausgelöscht. Leerheit, symbolisiert durch das *A*, ist das höchste Thema, und folglich sagt das *Tantra der magischen Anordnung:* „*A* ist der höchste der Buchstaben."

Vom Standpunkt des Höchsten Yoga-Tantra aus weist der Buchstabe *A* auch auf den unzerstörbaren Tropfen hin, innerhalb dessen ein Buddhakörper erlangt wird. Im Höchsten Yoga-Tantra entsteht Buddhaschaft aus dem konzentrierten Fokussieren auf den unzerstörbaren Tropfen im Herzzentrum. Der endgültige Körper eines Buddha hat die Natur des unzerstörbaren Tropfens. Dies erweitert unser Verständnis der Aussage, dass die vollkommenen Buddhas aus dem Buchstaben *A* entstehen.

Was ist der unzerstörbare Tropfen? Er ist die Vereinigung des sehr subtilen Windes und des sehr subtilen Geistes. Der Geist erkennt Objekte, wohingegen der Wind, oder innere Energie, das Bewusstsein veranlasst, sich auf Objekte einzulassen. Da dies der Fall ist, treten mit der Vereinigung von Wind und Geist Veränderungen im Bewusstsein auf.

ANFANGSLOSER GEIST

Das Bewusstsein ist nicht physisch. Es hat keine Farbe, keine Form und nicht die behindernde Eigenschaft von physischen Dingen. Seine Wesensart ist reine Leuchtkraft und Erkenntnis, und wenn es auf bestimmte Bedingungen trifft (wie zum Beispiel, wenn ein Objekt vorhanden ist und ein Sinnesvermögen einwandfrei funktioniert), dann reflektiert es dieses Objekt. Dass sich der Geist von Augenblick zu

Augenblick verändert und in verschiedenen Aspekten erscheint, weist darauf hin, dass der Geist unter dem äußeren Einfluss von Ursachen und Bedingungen arbeitet.

Ein Geist entsteht in Abhängigkeit von einem vorangegangenen Geist gleicher Art, was erfordert, dass es ein früheres anfangsloses Kontinuum des Geistes gibt. Wenn die Entstehung eines Geistes nicht von vorangegangenen Augenblicken des Geistes abhinge, sondern einfach grundlos hervorgebracht werden könnte, dann könnte ein Geist zu jeder Zeit und an jedem Ort erzeugt werden, was absurd ist. Wenn, entsprechend, das Bewusstsein nicht als Fortsetzung eines vorangegangenen Daseins eines Bewusstseins und stattdessen von etwas Körperlichem erzeugt wäre, dann würde das Bewusstsein entweder immer erzeugt, was absurd ist, oder es würde nie erzeugt, was ebenso absurd ist. Dies weist darauf hin, dass Bewusstsein eine Fortsetzung eines vorangegangenen Daseins von Bewusstsein ist.

Da Bewusstsein auf einem vorangegangenen Augenblick des Bewusstseins gründet, kann es keinen Anfang für sein Kontinuum geben. Es gibt keinen Anfang des Bewusstseins, und es gibt kein Ende des Bewusstseins. Dieses Kontinuum des Geistes ermöglicht die Umwandlung des Geistes in verbesserte Zustände. Wenn das geistige Kontinuum eng mit unreinen Zuständen verbunden ist, dann beschränkt sich unsere Erfahrung auf den Bereich des Daseinskreislaufs oder Samsara. Wenn sich das geistige Kontinuum von den unreinen Zuständen befreit, können wir Nirvana erreichen. Auf diese Weise sind alle Phänomene die magische Schöpfung, oder eine Spielart, des Geistes. Die unreinen Phänomene des Daseinskreislaufes sind die Spielart des unreinen Geistes; die reinen Phänomene des Nirvana sind die Spielart des reinen Geistes.

FEHLERHAFTE ZUSTÄNDE DES GEISTES SIND AUF DIE UNWISSENHEIT ANGEWIESEN

Da gesagt wurde: „Im Geist ist der Geist nicht zu finden; die Natur des Geistes ist klares Licht", sind die unreinen Zustände des Geistes wie zum Beispiel Begierde und Hass nicht Teil der Natur des Geistes und müssen von der Unwissenheit – einem Bewusstsein, das sich einen falschen Begriff von inhärenter Existenz macht – entweder im gegenwärtigen Augenblick oder von einem früheren Ursprung hervorgebracht werden. Alle fehlerhaften Zustände des Geistes haben ein sich täuschendes Bewusstsein als ihre Wurzel. Die Unwissenheit ist eine Art des Bewusstseins, das sich in Bezug auf das Objekt seiner Aufmerksamkeit täuscht; es ist darüber im Irrtum; es hat keine gültige Erkenntnis als seine Wurzel.

Ein fehlerhaftes Bewusstsein, das sich täuscht, und ein Bewusstsein, das eine gültige Grundlage hat, sind entgegengesetzte Wege, um Phänomene wahrzunehmen, sodass das eine dem anderen schadet. Wenn Sie sich in Ihrer Übung an richtige Geisteshaltungen gewöhnen, werden die fehlerhaften Zustände des Geistes auf natürliche Weise abnehmen, bis sie schließlich ganz ausgelöscht sind. Das System der buddhistischen Lehren an sich basiert auf natürlichem Widerspruch. Wir möchten Glück erlangen und Leid vermeiden. Das Leid und die Schmerzen, die wir zu vermeiden suchen, stammen hauptsächlich von geistigen Einstellungen ab. Da die leidbringenden Gefühle, entweder direkt oder indirekt, der Ursprung geistigen Leidens sind, müssen wir uns überlegen, ob es irgendwelche ihnen entgegengesetzten Kräfte gibt. Wenn zum Beispiel Ärger Leiden verursacht, dann müssen wir eine entgegengesetzte Kraft finden. Für Ärger ist diese Kraft die Liebe und das Mitgefühl. Obwohl Ärger und Liebe/Mitgefühl beide Arten des Bewusstseins sind, haben sie eine entgegengesetzte Art und Weise, dasselbe Objekt wahrzunehmen. Ihre Erkenntnisse sind Gegensätze. Ebenso gibt es, wenn ein Zimmer zu warm ist, keine andere Möglichkeit, die Hitze zu verringern, als dass man Kälte hinzufügt. Genauso wie Hitze und Kälte einander entgegengesetzt sind, sind gegensätzliche geistige Zustände, reine und unreine, einander entgegengesetzt. In dem Maße, wie wir den einen entwickeln, verringert sich der andere. Daher ist es möglich, fehlerhafte Zustände des Geistes zu beseitigen. Es gibt Gegenmittel.

Der Geist an sich ist eine konventionelle Wahrheit; die Wirklichkeit des Geistes, seine Leerheit von inhärenter Existenz, ist seine endgültige Wahrheit. Diese beiden Wahrheiten sind in einer unteilbaren Entität enthalten. Genauso wie es im Hinblick auf den Geist eine Vereinigung der beiden Wahrheiten gibt, der konventionellen und der endgültigen, gibt es eine Vereinigung der beiden Wahrheiten im Hinblick auf jedes einzelne Objekt: Seine Erscheinung ist eine konventionelle Wahrheit; und seine Leerheit von inhärenter Existenz ist seine letztendliche Wahrheit.

Die letztendliche Wirklichkeit wird durch die Beweisführung des Entstehens in Abhängigkeit erkannt. Da der Geist beispielsweise eine in Abhängigkeit entstandene Entität ist, ist er leer von inhärenter Existenz. Wenn Sie die Leerheit durch die Beweisführung des abhängigen Entstehens begreifen, erkennen Sie, dass alle Phänomene die Vereinigungen von abhängigem Entstehen und Leerheit sind; Erscheinung und Leerheit werden als harmonisch wahrgenommen und erkannt.

Die in Abhängigkeit entstandenen Erscheinungen der konventionellen Phänomene liefern den Kontext, um Mitgefühl zu lehren – dies wird der „weite Weg" genannt, da es eine so gewaltige Vielzahl an Erscheinungen gibt. Die Leerheit der Erscheinungen von inhärenter Existenz ist die Grundlage der Lehren des so genannten „tiefgründigen Weges", da die Leerheit die *letztendliche Natur* der Phänomene ist – friedvoll, frei von begrifflichem Denken und von einem Geschmack. Indem Sie diese beiden Wege – die Weite des Mitgefühl und die Tiefgründigkeit der Weisheit der Leerheit – auf untrennbare Weise meditierend entwickeln, werden die fehlerhaften Geisteszustände in Ihrem Kontinuum einer stufenweise fortschreitenden Umwandlung unterzogen. Schritt für Schritt werden die fehlerhaften Geisteszustände beseitigt, und die hervorragenden Eigenschaften des Geistes und des Körpers eines Buddha treten in Erscheinung.

Buddhaschaft wird durch die vereinigte Entwicklung von sowohl Mitgefühl (bzw. Motivation) als auch Weisheit erlangt. Mitgefühl und Weisheit haben jedoch ihre eigenen, verschiedenen Auswirkungen auf die Buddhaschaft. Das Ergebnis der Entwicklung von Mitgefühl/Motivation sind die Formkörper eines Buddha, die existieren, um das Wohlergehen anderer zu bewirken. Die Auswirkung der Entwicklung von Weisheit ist der Wahrheitskörper eines Buddha, welcher die Erfüllung Ihres eigenen Wohlergehens ist. Welches sind die Hauptarten von Mitgefühl/Motivation und Weisheit? Die wichtigste Motivation ist die auf andere bezogene Absicht, erleuchtet zu werden, inspiriert durch Liebe und Mitgefühl. Sie inspiriert ihrerseits die Übung in mitfühlenden

Handlungen wie zum Beispiel Freigebigkeit, Ethik und Geduld. Die wichtigste Art von Weisheit ist ein intelligentes Bewusstsein, das die Leerheit von inhärenter Existenz erkennt.

Das Fundament des Buddhismus hat drei Aspekte: Die *Grundlage* sind die zwei Wahrheiten, konventionelle und endgültige Wahrheit. Aus diesen beiden geht der *Weg* mit seinen Doppelelementen Motivation und Weisheit hervor, jedes davon auf seine jeweilige Wahrheit bezogen. Die *Frucht* oder das Ergebnis des Voranschreitens auf dem Weg ist die Verwirklichung der beiden Körper – Formkörper und Wahrheitskörper – eines Buddha. Um all dies zusammenzubringen: Auf der *Grundlage* der zwei Wahrheiten, konventionell und endgültig, üben Sie sich in den zwei Qualitäten des *Weges* – Motivation und Weisheit –, was Sie dazu führen wird, die *Frucht*, die Form- und Weisheitskörper eines Buddha zu erlangen.

ZUSAMMENFASSUNG FÜR DIE TÄGLICHE ÜBUNG

1. Identifizieren Sie die leuchtende, klare und erkenntnisfähige Natur Ihres Geistes, ungetrübt von Gedanken.
2. Dringen Sie immer wieder in die tiefere Natur des Geistes ein, um dessen Abwesenheit von inhärenter Existenz, seine Leerheit, zu enthüllen, indem Sie über die Abhängigkeit des Geistes von Ursachen und Wirkungen nachdenken und über seine Abhängigkeit von Bestandteilen – die Tatsache mit eingeschlossen, dass jegliche Zeitspanne, die im Geist vergeht, auf früheren und späteren Teilen jener Zeitspanne beruhen.
3. Versuchen Sie, die Vereinbarkeit von der Erscheinung des Geistes mit seiner Leerheit von inhärenter Existenz zu begreifen; erleben Sie, wie diese zwei sich gegenseitig unterstützen.

TEIL FÜNF

TANTRA

ELFTES KAPITEL

Gottheiten-Yoga

Im Buddhismus gibt es grundsätzlich zwei Arten von Übungen: Sutra und Tantra. Bisher haben wir die Sutra-Übungen erörtert. Der besondere Zweck von Tantra ist es, einen schnelleren Weg zur Verfügung zu stellen, sodass geübte Praktizierende anderen schneller zu Diensten sein können. Im Tantra wird die Vorstellungskraft in einer Übung, die Gottheiten-Yoga genannt wird, für die Meditation nutzbar gemacht. In dieser Übung stellen Sie sich vor, 1) dass Sie Ihren Geist, wie er gewöhnlich erscheint, nämlich voller Schwierigkeiten verursachender Gefühle, aus einer Motivation des Mitgefühls heraus durch einen Geist reiner Weisheit ersetzen; 2) dass Sie Ihren Körper, wie er gewöhnlich erscheint, nämlich aus Fleisch, Blut und Knochen zusammengesetzt, durch einen Körper ersetzen, der aus Weisheit geformt wird, die durch Mitgefühl motiviert ist; 3) dass Sie ein Gespür für ein reines Selbst entwickeln, das von einem als rein erscheinenden Geist und Körper in einer idealen Umgebung abhängt und das vollständig dazu verpflichtet ist, anderen zu helfen. Da diese für das Tantra charakteristische Übung verlangt, dass Sie sich selbst im Körper eines Buddha, mit seinen Handlungen, Mitteln und Talenten und in seiner Umgebung visualisieren, wird sie „die Vorstellungskraft als den spirituellen Weg auswählen und annehmen“ genannt.

Lassen Sie uns einen Einwand gegen diese Übung bedenken. Sie stellen sich vor, dass Sie die Qualitäten eines Buddha haben, die Sie aber zum gegenwärtigen Zeitpunkt noch gar nicht haben. Handelt es sich hierbei also um eine fehlerfreie Art von meditativem Bewusstsein? Ja. Ihr Geist ist damit befasst, die Wirklichkeit zu verstehen, aus der heraus Sie als eine Gottheit erscheinen. Daher ist Ihr Geist, von diesem Standpunkt aus gesehen, fehlerfrei. Ebenso stellen Sie sich *absichtlich* vor, einen göttlichen Körper zu haben, auch wenn Sie zum gegenwärtigen Zeitpunkt keinen haben. Dies ist eine Meditation der Vorstellungskraft;

Sie sind nicht in der Tiefe Ihres Seins davon überzeugt, tatsächlich einen reinen Geist, einen reinen Körper und ein reines Selbst zu haben. Vielmehr entwickeln Sie, beruhend auf der klaren Vorstellung eines idealen Körpers und Geistes, ein Gefühl dafür, eine Gottheit zu sein und aus Mitgefühl anderen zu helfen.

Um ein *besonderer* Schüler des Tantra zu sein – das heißt, die Art von Schüler, für die Buddha die Übung des Tantra ausdrücklich aufgezeigt hat –, muss der Übende scharfsinnige Anlagen und bereits stabile Weisheit, welche die Leerheit erkennt, erlangt haben oder für die rasche Aktivierung dieser Weisheit bereit sein. Die Voraussetzungen dafür, Tantra nur zu üben, sind weniger streng. Jedoch erfordert die Ausübung des Tantra auf jeder Stufe die kraftvolle Absicht, für das Wohl der anderen erleuchtet zu werden, sowie ein Gefühl, dass dies sehr schnell getan werden muss.

Zu Beginn der tantrischen Übung besteht der grundlegende Weg, um ruhiges Verweilen zu entwickeln, darin, über den eigenen Körper zu meditieren, als ob er der Körper einer Gottheit wäre. Wenn Sie über einen göttlichen Körper meditieren, meditieren Sie zuerst über die Leerheit und entwickeln so viel Gespür für die Leerheit von inhärenter Existenz, wie es Ihnen möglich ist. Wenn Sie sich an diesen Zustand gewöhnt haben, benutzen Sie genau diesen Geist als Grundlage, aus der die Gottheit erscheint. Der Geist, der die Leerheit erfasst, erscheint als die Gottheit und als ihre oder seine Umgebung. Zuerst meditieren Sie über die Leerheit; daraus entsteht die Gottheit; dann konzentrieren Sie sich auf die Gottheit.

Auf diese Weise vereinigt Gottheiten-Yoga Weisheit und mitfühlende Motivation; ein einziges Bewusstsein erkennt die Leerheit und erscheint außerdem auf mitfühlende Art in der Form einer altruistischen Gottheit. Obwohl es im Sutra-System eine Vereinigung von Weisheit und mitfühlender Motivation gibt, wird dort die Übung in Weisheit von der Kraft der Übung in Motivation nur *tangiert*, und die Übung in der Motivation wird von der Kraft der Übung in Weisheit nur *tangiert;* sie sind nicht in einem Bewusstsein enthalten, was im Tantra der Fall und was dessen kennzeichnendes Merkmal ist. Das Einschließen von Motivation und Weisheit innerhalb eines Bewusstseins ist es, was das tantrische Fortschreiten so geschickt und schnell macht.

Als ich ein kleiner Junge war, war Tantra nur eine Angelegenheit blinden Glaubens. Im Alter von vierundzwanzig Jahren habe ich mein Heimatland verloren, und nachdem ich nach Indien gekommen war, begann ich Tsongkhapas Erklärungen über die Leerheit wirklich zu lesen. Erst nachdem ich nach Dharamsala gezogen war, unternahm ich dann mehr Anstrengungen in meinen Studien und Übungen zu den Stufen des Weges, in der Leerheit und im Tantra. Daher verstand ich den Sinn von Gottheiten-Yoga erst in meinen späten Zwanzigerjahren, nachdem ich einige Erfahrungen der Leerheit erlangt hatte.

Einmal führte ich im Haupttempel in Dharamsala das Ritual durch, mich selbst als Guhyasamaja, eine Gottheit des Höchsten Yoga-Tantra, vorzustellen. Mein Geist verweilte ununterbrochen auf der Rezitation des Ritualtextes, und als die Worte „ich selbst" kamen, habe ich mein gewöhnliches Selbst in Bezug auf meine Verbindung von Geist und Körper vollständig vergessen. Stattdessen hatte ich ein sehr deutliches Gespür eines „Ich" in Bezug auf die neue, reine Verbindung von Geist und Körper von Guhyasamaja, den ich mir vorstellte. Da diese Art von Selbst-Identifikation das Herz des tantrischen Yoga ist, hat mir diese Erfahrung bestätigt, dass ich, mit genügend Zeit, zweifellos die außergewöhnlichen, tiefgründigen Zustände des Geistes, die in den Schriften beschrieben werden, erreichen könnte.

EINWEIHUNG

Um Tantra zu üben, ist es besonders wichtig, Zugang zu der Übertragung von Segen von früheren großen Wesen zu erhalten. Segen gibt es auch in der Übung des Sutra, im Tantra aber ist er von entscheidender Bedeutung. Das wichtigste Mittel, um Zugang zu diesem Segen zu erhalten, ist durch das Tor der Einweihung. Es gibt vier Tantra-Klassen: Handlungs-, Durchführungs-, Yoga- und Höchstes Yoga-Tantra, jede mit ihren eigenen Einweihungen, um den Geist der Praktizierenden reifen zu lassen, und jede mit ihren eigenen Meditationen.

In was wird man eingeweiht? In ein Mandala, welches ein ideales Umfeld und göttliche Bewohner umfasst, die alle Manifestationen von Mitgefühl und Weisheit sind. Es gibt Mandalas unterschiedlicher Komplexität für alle vier Tantra-Klassen. Einige sind gemalt. Andere werden aus gefärbtem Sand hergestellt, und wieder andere umfassen eine besondere Klasse von Konzentrationsmandalas.

Um eine Einweihung zu erhalten und um Gelübde in einem Mandala des Yoga-Tantra oder des Höchsten Yoga-Tantra zu nehmen, muss der Lama, der die Zeremonie durchführt, die vollständige Anzahl von Qualifikationen haben. Alle vier Tantra-Klassen legen besonderen Wert auf die Eigenschaften des Lama in Übereinstimmung mit Buddhas detaillierten Beschreibungen der Qualifikationen des Lehrers für die verschiedenen Stufen auf dem Weg. Erinnern Sie sich auch an die Ermahnung Buddhas, nicht nur auf die Person zu vertrauen, sondern auf die Lehre. Am wichtigsten ist es, dass der Lehrer die Übungen und die Lehre gut kennt.

VERSPRECHEN UND GELÜBDE

In den zwei niedrigeren Tantra-Klassen – Handlungs- und Durchführungs-Tantra – gibt es keinen klaren Hinweis darauf, dass bei einer Einweihung tantrische Gelübde abgelegt werden müssen; dennoch gibt es viele Versprechen, die gehalten werden müssen. In den zwei höheren Tantra-Klassen – Yoga- und Höchstes Yoga-Tantra – müssen Sie, nachdem Sie die Einweihung mit all ihren Facetten erhalten haben, zusätzlich zu diesen Versprechen tantrische Gelübde halten. Yoga-Tantra und Höchstes Yoga-Tantra haben vierzehn grundlegende Gelübde sowie eine Liste von Übertretungen, gegen die man sich schützen muss. Da sie sich jedoch auf den verschiedenen Wegen unterscheiden, sind auch die grundlegenden Gelübde leicht unterschiedlich. Da die Übung des Tantra hauptsächlich damit beschäftigt ist, die gewöhnliche *Erscheinung* von Ihnen und von Ihrer Umgebung zu überwinden (um die *Vorstellung* von diesen als gewöhnlich zu überwinden), visualisieren Sie, dass Sie selbst den Körper eines Buddhas haben, seine Mittel und Fähigkeiten, seinen Aufenthaltsort und dass Sie seine mitfühlenden Handlungen ausführen. Daher beziehen sich die meisten der Versprechen und Gelübde darauf, gewöhnliche Erscheinungen durch ideale Erscheinungen zu ersetzen und Ihre eigene Bewertung von sich selbst, von Ihren Gefährten, Ihrer Umgebung und von Ihren Handlungen als etwas Gewöhnlichem loszulassen.

Mit Ausnahme eines besonderen Gelübdes der persönlichen Befreiung, das nur vierundzwanzig Stunden dauert, werden all die anderen Gelübde der persönlichen Befreiung für ein ganzes Leben lang genommen (obwohl es möglich ist, die Gelübde rückgängig zu machen und die Ordination und die Roben zurückzugeben). Im Gegensatz dazu erstrecken sich die Bodhisattva- und tantrischen Gelübde bis hin zum Zeitpunkt der höchsten Erleuchtung, solange man keines der Wurzelgelübde gebrochen hat.

Zuerst nimmt man die Ethik der persönlichen Befreiung an, dann die Ethik eines Bodhisattva und schließlich die Ethik des Tantra. Menschen, die ein Familienleben führen und die Gelübde eines Bodhisattva und die tantrischen Gelübde annehmen, nehmen daher die Gelübde der persönlichen Befreiung einer Person, die einen Haushalt führt. Das Kalachakra-Tantra, das in Indien im elften Jahrhundert zur Blüte gelangte und sich zu einem der wichtigsten Tantras der Neuen-Übersetzungs-Schulen in Tibet entwickelte, legt dar, dass, wenn es drei Lehrer des Tantra gibt, nämlich einen mit den Gelübden einer Person, die einen Haushalt führt, einen andereren mit den Gelübden eines Novizen und einen Dritten mit den Gelübden eines Mönches oder einer Nonne, die Person, welche die Nonnen- oder Mönchsgelübde genommen hat, als höher stehend betrachtet werden soll als die anderen. Dies weist auf die Hochschätzung hin, die sogar dieses tantrische Ethik-System der Ethik des Mönches und der Nonne entgegenbringt. Das Guhyasamaja-Tantra sagt, dass man äußerlich die Disziplin der Übung der persönlichen Befreiung aufrechterhalten und innerlich eine Affinität für die Übung des Tantra bewahren sollte. Auf diese Weise arbeiten die Übungen des Sutra und des Tantra Hand in Hand.

SEXUALITÄT AUF DEM WEG NUTZEN

Wir wollen die Rolle des sexuellen Verlangens auf dem Weg des Tantra betrachten, indem wir uns das Verbot sexuellen Fehlverhaltens innerhalb der Ethik der persönlichen Befreiung ansehen. Es gründet vollständig auf dem Prinzip, Abstand davon zu nehmen, anderen zu schaden. Sexuelles Fehlverhalten wird in Vasubandhus *Schatz des mani-*

festen Wissens detailliert beschrieben. Für einen Mann bedeutet sexuelles Fehlverhalten, mit der Frau eines anderen Mannes zu kohabitieren oder mit einer Frau, die noch unter dem Schutz ihrer Familie steht. Das Gleiche gilt für eine Frau; es ist ihr nicht erlaubt, mit dem Mann einer anderen oder einem Mann zu schlafen, der noch unter dem Schutz seiner Familie steht. Da Vasubandhus Text die zehn unheilsamen Handlungen vom Standpunkt eines Mannes erläutert, haben einige vorgeschlagen – was lächerlich ist –, dass es kein Vergehen ist, wenn eine Frau die zehn untugendhaften Handlungen ausführt – und dass es somit keine Verbote für eine Frau gibt!

Buddhisten können den Geschlechtsverkehr auf dem spirituellen Weg nutzen, weil er ein starkes Fokussieren des Bewusstseins verursacht, wenn der Übende über standhaftes Mitgefühl und Weisheit verfügt. Dadurch können die tieferen Ebenen des Bewusstseins (die weiter oben in Bezug auf den Sterbeprozess beschrieben wurden) manifestiert und ausgedehnt werden, um ihre Kraft zu nutzen, die Erkenntnis der Leerheit zu verstärken. Ansonsten hat der bloße Geschlechtsakt nichts mit spiritueller Entwicklung zu tun. Wenn ein Mensch einen hohen Grad der Übung in Motivation und Weisheit erlangt hat, dann lenkt auch das Zusammentreffen der beiden Geschlechtsorgane oder so genannter Geschlechtsverkehr nicht vom Beibehalten des reinen Verhaltens dieses Menschen ab. Yogis, die eine hohe Stufe des Weges erreicht haben und die vollkommen geübt sind, können sich auf sexuelle Aktivität einlassen, und ein Mönch oder eine Nonne mit diesen Fähigkeiten kann alle Gelübde aufrechterhalten.

Ein tibetischer Yogi-Meister, der von einem anderen kritisiert wurde, sagte, dass er Fleisch gegessen und Bier getrunken habe als Opfergabe für die Gottheit des Mandala. Solche tantrischen Praktizierenden visualisieren sich selbst als Gottheiten in einem vollständigen Mandala, innerhalb der Erkenntnis, dass die höchste Glückseligkeit die höchste Gottheit ist – die Vereinigung von Glückseligkeit und Leerheit. Er sagte auch, dass er Geschlechtsverkehr mit einer Gefährtin praktiziert habe, um wirkliche Erkenntnis zu entwickeln. In der Tat ist das der Zweck. Solch ein Praktizierender kann nicht nur köstliches Fleisch und Getränk spirituell nutzen, sondern sogar menschliche Exkremente und Urin. Die Meditation eines Yogi verwandelt diese in wirklichen

Nektar. Für Menschen wie uns liegt das jedoch jenseits unseres Horizontes. Solange man nicht Urin und Kot umwandeln kann, sollte man die anderen hier genannten Dinge auch nicht tun.

Genau aus diesem Grund hat Buddha hat eine ganz bestimmte Reihenfolge der Stufen auf dem Weg dargelegt. Die vorbereitende Stufe ist die Übung in den Gelübden der persönlichen Befreiung. Wenn Sie als Mönch oder Nonne leben, hat Ihr Verhalten eine solidere Grundlage – es besteht wenig Gefahr für übermäßige Ablenkung. Auch wenn Sie solche Gelübde nicht völlig umsetzen können, besteht kein Risiko. Und dann heißt es einfach nur üben, üben, üben. Sobald Sie innere Stärke entwickelt haben, können Sie die vier inneren Elemente kontrollieren – Erde, Wasser, Feuer und Wind (oder fünf Elemente, wenn der Raum mitgezählt wird). Sobald Sie diese inneren Elemente vollständig unter Kontrolle haben, können Sie auch die äußeren fünf Elemente beherrschen. Dann können Sie alles nutzen.

Wie hilft der Geschlechtsverkehr auf dem Weg? Es gibt viele verschiedene Ebenen des Bewusstseins. Das Potenzial der gröberen Ebenen des Bewusstseins ist sehr eingeschränkt, die subtileren Ebenen sind viel mächtiger und wirksamer. Es ist notwendig, dass wir zu diesen subtileren Ebenen des Geistes Zugang finden. Um dies zu tun, müssen wir die gröberen Bewusstseinsarten schwächen und ihnen zeitweilig Einhalt gebieten. Damit dies gelingt, ist es notwendig, drastische Veränderungen im Fluss innerer Energien herbeizuführen. Obwohl kurze Varianten der tieferen Ebenen des Geistes während des Niesens und Gähnens auftreten, ist es offensichtlich, dass diese nicht verlängert werden können. Ebenso ist es notwendig, bereits frühere Erfahrungen mit dem Manifestieren der tieferen Ebenen des Geistes zu haben, um deren Auftreten im tiefen Schlaf nutzen zu können. Genau hier kommt die Sexualität ins Spiel. Erfahrene Praktizierende können durch spezielle Techniken der Konzentration während des Sexualaktes sehr tiefe, subtile und wirksame Zustände des Geistes verlängern und sie dazu nutzen, die Leerheit zu erkennen. Wenn Sie sich jedoch innerhalb eines gewöhnlichen geistigen Kontexts auf den Sexualakt einlassen, entsteht kein Nutzen daraus.

Ein Buddha braucht den Sexualakt nicht. Gottheiten in einem Mandala werden oft in Vereinigung mit einer Gefährtin oder einem

Gefährten dargestellt. Das heißt jedoch nicht, dass Buddhas für ihre Freude auf den Geschlechtsverkehr angewiesen wären. Buddhas haben die absolute Glückseligkeit in sich selbst. Gottheiten in Vereinigung erscheinen spontan in einem Mandala zum Nutzen der Menschen, die eine scharfe Auffassungsgabe haben und die von einem Gefährten oder einer Gefährtin und der Freude der sexuellen Vereinigung für die Ausübung des schnellen Weges des Tantra Gebrauch machen können. Auf ähnliche Weise erscheint der tantrische Buddha Vajradhara in friedvollen oder zornvollen Aspekten. Das bedeutet jedoch nicht, dass Vajradhara diese beiden Aspekte als Teil seiner Persönlichkeit hätte. Vajradhara ist immerzu vollkommen mitfühlend. Sein spontanes Erscheinen auf verschiedene Weisen geschieht vielmehr den Schülern zuliebe. Vajradhara erscheint in genau der Art und Weise, in der die Übenden meditieren sollten, wenn sie die leidbringenden Emotionen wie Begierde oder Hass im Fortschreiten auf dem Weg nutzen. Um solch mächtige Emotionen in den spirituellen Weg zu integrieren, dürfen sich die Übenden nicht vorstellen, dass sie den friedvollen Körper von Buddha Shakyamuni haben. Dazu ist Gottheiten-Yoga erforderlich. Da es im Fall von Hass beispielsweise notwendig ist, über den eigenen Körper in einer wütenden und heftigen Form zu meditieren, erscheint Vajradhara automatisch in der angemessenen grimmigen Form, um den Schülern zu zeigen, wie man meditiert. Das Gleiche trifft auf den sexuellen Yoga zu; Übende, die dazu fähig sind, die Glückseligkeit zu nutzen, die aus dem Verlangen beim Anschauen, Lächeln, Händehalten oder der Vereinigung entsteht, müssen den entsprechenden Gottheiten-Yoga durchführen; es ist nicht möglich, dass sie sich als Buddha Shakyamuni, einen Mönch, vorstellen. Die Absicht der verschiedenen Erscheinungen Vajradharas ist nicht, die Übenden zu erschrecken noch, Verlangen in ihnen zu erregen, sondern zu zeigen, wie man in diesen verschiedenen Formen Meditationen in der Vorstellung durchführt, um letztendlich die leidbringenden Gefühle zu überwinden.

Ein Buddha ist fähig, spontan und ohne Anstrengung auf jegliche Art und Weise, die angemessen ist, zu erscheinen. Die Form dieser Erscheinungen wird durch die Bedürfnisse der anderen gestaltet und nicht diesem Buddha zuliebe. Vom eigenen Standpunkt eines Buddha aus hat dieser Buddha die vollkommene Selbst-Erfüllung des Wahrheitskörpers, in dem er oder sie für immer verbleibt.

Vergessen Sie nicht, dass die Ethik des Tantra auf der Ethik der persönlichen Befreiung und auf der Ethik des Mitgefühls aufbaut. Das Ziel von Tantra ist es, die Buddhaschaft auf einem schnelleren Weg zu erreichen, um anderen schneller von Nutzen zu sein.

ZUSAMMENFASSUNG FÜR DIE TÄGLICHE ÜBUNG

Da die Übung des Tantra in erster Linie damit beschäftigt ist, die Art und Weise zu verwandeln, wie Sie sich selbst, die anderen, die Umgebung und Ihre Aktivitäten sehen, kann es hilfreich sein, dass Sie sich vorstellen, dass Sie eine mitfühlende Motivation, einen reinen Körper und ein Verhalten haben, das anderen Vorteil, Nutzen, Gewinn und Unterstützung bringt.

TEIL SECHS

STUFEN AUF DEM WEG

ZWÖLFTES KAPITEL

Übersicht über den Weg zur Erleuchtung

LANGSAM FORTSCHREITENDE ENTWICKLUNG

Wie schreitet ein Praktizierender mithilfe der meditativen Kultivierung der Wege des Mitgefühls und der Weisheit stufenweise zur Buddhaschaft voran? Im Herz-Sutra stellt Buddha die Stufen des Weges in einer kurzen, tiefgründigen Aussage dar: „*Tadyata gate gate paragate parasamgate bodhi svaha*", was heißt: „Es ist so: Gehe, gehe, gehe jenseits, gehe ganz jenseits, sei in Erleuchtung verwurzelt." Wir wollen diese Aussage näher betrachten und fangen dafür mit dem ersten Wort, „*gate*" („gehe", oder „schreite voran") an. Wer schreitet voran? Es ist das „Ich" oder Selbst, das in Abhängigkeit vom Kontinuum des Geistes bezeichnet wird. Von wo aus schreiten Sie voran? Sie bewegen sich vom Daseinskreislauf weg, demjenigen Zustand also, der unter dem Einfluss verunreinigter Handlungen und kontraproduktiver Emotionen steht. Wohin schreiten Sie? Sie schreiten voran zur Buddhaschaft, die mit dem Wahrheitskörper ausgestattet ist und für alle Zeit frei ist sowohl vom Leiden und den Ursprüngen des Leidens (den leidbringenden Emotionen) als auch von den Veranlagungen und Neigungen, die von diesen leidbringenden Emotionen geschaffen sind. Auf welche Ursachen und Bedingungen stützen Sie sich, während Sie voranschreiten? Sie schreiten voran, indem Sie sich auf einen Weg verlassen, der die Vereinigung von Mitgefühl und Weisheit ist.

Buddha sagt den Übenden, sie sollen zum jenseitigen Ufer gehen. Vom Standpunkt des Übenden aus befindet sich der Daseinskreislauf auf dieser Seite, ganz in der Nähe. Am jenseitigen Ufer, weit in der Ferne, liegt Nirvana – ein Zustand, in dem man über das Leiden hinausgegangen ist.

Wenn Buddha sagt: *„Tadyata gate gate paragate parasamgate bodhi svaha.*" („Es ist so: Gehe, gehe, gehe jenseits, gehe ganz jenseits, sei in Erleuchtung verwurzelt."), dann sagt er den Übenden, sie sollen über die fünf Wege hinweg voranschreiten:

> *gate* – der Weg der Ansammlung,
> *gate* – der Weg der Vorbereitung,
> *paragate* – der Weg des Sehens,
> *parasamgate* – der Weg der Meditation,
> *bodhi svaha* – der Weg des Nicht-mehr-Lernens.

Lassen Sie mich die Beschaffenheit des spirituellen Fortschritts über diese fünf Wege hinweg erklären:

1. Was ist der anfängliche Weg, der *Weg der Ansammlung?* Das ist die Phase, während der Sie sich hauptsächlich in der auf andere gerichteten Motivation üben und somit einen großen Reichtum an Verdiensten ansammeln. Ihre Erkenntnis der Leerheit hat auch noch nicht das Niveau erreicht, das „ein aus der Meditation entstandener Zustand" genannt wird, in dem sich stabilisierende Meditation und analytische Meditation gegenseitig unterstützen, obwohl Sie eine Vereinigung von Motivation und Weisheit üben. Auf diesem Weg erreichen Sie eine kraftvolle konzentrierte Meditation und arbeiten auf einen Zustand hin, der aus der Meditation entsteht, welche die Leerheit erkennt.
2. An dem Punkt, an dem Sie einen Zustand der Weisheit erreichen, der aus der Meditation entsteht, welche die Leerheit erkennt, wechseln Sie über auf den *Weg der Vorbereitung.* Indem Sie sich mehr und mehr mit diesem Zustand vertraut machen und indem Sie gleichzeitig mitfühlende Motivation kultivieren, nehmen Sie nach und nach das Erscheinen von Leerheit immer deutlicher über die vier Stufen dieses Weges der Vorbereitung hinweg (Hitze, Gipfel, Geduld und höchste weltliche Qualitäten) wahr.
3. Schließlich wird die Leerheit direkt erkannt, ohne auch nur die geringste Verunreinigung durch eine dualistische Erscheinung, die spur-

los verschwunden ist. Das ist der Anfang des *Weges des Sehens* – der Weg anfänglicher direkter Erkenntnis der Wirklichkeit in Bezug auf die tiefe Natur der Phänomene. An diesem Punkt beginnen im Großen Fahrzeug die zehn Bodhisattva-Stufen (die auch Grundlagen genannt werden, weil auf ihnen besondere spirituelle Qualitäten hervorgebracht werden). Während man sich auf dem Weg des Sehens und dem Weg der Meditation befindet, werden die beiden Arten von Hindernissen überwunden, die intellektuell erworbenen und die angeborenen. Intellektuell erworbene Geisteszustände entstehen, indem man falschen Lehrsystemen anhängt. Es gibt beispielsweise Anhänger einiger buddhistischer Schulen, die glauben, Phänomene würden konventionell durch ihren eigenen Charakter existieren. Sie stützen sich dabei auf die unbegründete „Beweisführung", dass Phänomene keine Funktionen erfüllen könnten, wenn sie nicht auf diese Art und Weise etabliert wären. Diese Art von Missverständnis, verunreinigt durch ein nicht stichhaltiges Lehrsystem, wird künstlich oder intellektuell erworben genannt. Auch wenn Sie sich keine neuen Veranlagungen und Neigungen durch falsches konzeptuelles Denken in diesem Leben aneignen, haben wir doch alle in unserem geistigen Kontinuum Veranlagungen und Neigungen, die durch das Anhängen an falsche Sichtweisen in früheren Leben verursacht sind.

Im Gegensatz dazu existieren angeborene fehlerhafte Zustände des Geistes in allen fühlenden Wesen – von den Insekten bis zu den Menschen – seit anfangsloser Zeit. Sie wirken aus ihrem eigenem Antrieb heraus, ohne auf fehlerhafte Schriften und Beweisführungen angewiesen zu sein.

4. Intellektuell erworbene oder künstliche Hindernisse werden durch den Weg des Sehens entfernt, wohingegen angeborene Hindernisse schwieriger zu überwinden sind (da wir uns seit anfangsloser Zeit an diese fehlerhaften Zustände des Geistes gewöhnt haben). Sie müssen durch die kontinuierliche Meditation über die Bedeutung der Leerheit entfernt werden. Da solche Meditation wiederholt über einen langen Zeitraum hinweg stattfinden muss, wird dieser Abschnitt des Weges der *Weg der Meditation* genannt. In der Tat haben wir schon früher über die Leerheit meditiert, aber der Weg der Meditation verweist auf einen Weg von ausgedehntem Vertrautmachen und Gewöhnen.

Auf dieser Ebene durchschreiten Sie die verbleibenden neun Bodhisattva-Stufen. Von den zehn Bodhisattva-Stufen werden die ersten sieben unrein genannt, und die letzten drei werden rein genannt. Das kommt daher, weil Sie auf den ersten sieben Stufen immer noch damit beschäftigt sind, leidbringende Hindernisse zu entfernen. Somit sind diese sieben Bodhisattva-Stufen noch nicht gereinigt. Bis zum ersten Teil der achten Bodhisattva-Stufe entfernen Sie leidbringende Emotionen. Der verbleibende Teil der achten Stufe und die neunte und zehnte Stufe befähigen Sie dazu, die Hindernisse für die Allwissenheit zu überwinden.

5. Jetzt, indem Sie die diamantengleiche konzentrierte Meditation anwenden, die am Ende der zehnten Bodhisattva-Stufe – dem Höhepunkt der noch zu überwindenden Hindernisse – erlangt wird, können Sie erfolgreich die sehr subtilen Hindernisse zur Allwissenheit unterminieren. Schon im nächsten Augenblick wird Ihr Geist ein allwissendes Bewusstsein, und gleichzeitig wird die tiefe Natur Ihres Geistes zum Naturkörper eines Buddha. Das ist der fünfte und letzte Weg, der Weg des Nicht-mehr-Lernens. Vom sehr subtilen Wind, oder der Energie – die mit diesem Geist eine Einheit bildet –, entspringen spontan verschiedene reine und unreine körperliche Formen, um Lebewesen beizustehen; diese werden die Formkörper eines Buddha genannt. Das ist die Buddhaschaft, ein Zustand, in dem man eine Quelle von Hilfe und Glück für alle fühlenden Wesen ist.

Lassen Sie mich hier einen Augenblick innehalten, um die vielen Missverständnisse darüber anzusprechen, ob Frauen die Buddhaschaft erreichen können oder nicht. Im Sutra-Teil des Großen Fahrzeugs gibt es keinen Hinweis darauf, dass eine Frau nicht die Buddhaschaft erreichen kann. Jedoch stellen die Texte fest, dass Sie während der Übungen der Ansammlung von Verdienst über den Zeitraum von drei unermesslich langen Weltzeitaltern hinweg an einen Punkt kommen werden, an dem das Karma, an dem Sie arbeiten, zu den körperlichen Merkmalen und Schönheiten eines Buddha heranreift. Entsprechend dem Sutra-Teil des Großen Fahrzeugs ist es förderlich, wenn man zu diesem Zeitpunkt eine starke körperliche Stütze hat. Daher werden Sie natürlicherweise dahin kommen, den Körper eines Mannes zu haben. Diese Texte sagen auch, dass Sie in dem letzten Leben, bevor Sie die

Buddhaschaft erlangen, den Körper eines Mannes brauchen. Im Höchsten Yoga-Tantra, das wir als das endgültige System betrachten, wird jedoch nicht nur gesagt, dass eine Frau die Buddhaschaft erlangen kann, sondern auch, dass sie dies genau in diesem Leben erreichen kann.

DIE QUALITÄTEN DER BUDDHASCHAFT

In allen Ausprägungen des Buddhismus beruht die Übung auf der Absicht, den Daseinskreislauf zu verlassen. Im Großen Fahrzeug sind Sie außerdem motiviert von der Absicht, für das Wohl der anderen erleuchtet zu werden. Im Tantra können Sie Buddhaschaft erlangen mithilfe von Methoden, welche die Entwicklung von konzentrierter Meditation fördern, in der ruhiges Verweilen und besondere Einsicht vereint sind. Im Zustand der Buddhaschaft sind alle Hindernisse beseitigt – die leidbringenden Hindernisse, welche die Befreiung aus dem Daseinskreislauf verhindern, und die Hindernisse für die Allwissenheit, welche die Buddhaschaft verhindern.

Die Qualitäten eines Buddha werden als verschiedene „Körper" beschrieben, die in zwei allgemeine Arten eingeteilt werden können:

- der Wahrheitskörper für die Erfüllung Ihres eigenen Wohlergehens und
- die Formkörper für die Erfüllung des Wohlergehens der anderen.

Die Formkörper wiederum können danach unterteilt werden, wie sie den Lebewesen auf verschiedenen reinen und unreinen Ebenen erscheinen: Sehr weit fortgeschrittene Übende haben Zugang zum Vollkommenen Freudenkörper. Die Übenden auf anderen Ebenen erfahren eine große Vielfalt von Emanationskörpern. Der Wahrheitskörper kann auch in zwei Arten unterteilt werden, in den Naturkörper und den Erhabenen Weisheitskörper. Der Naturkörper kann weiter unterteilt werden in einen Zustand natürlicher Reinigung und in einen Zustand hinzugefügter (oder verursachter) Reinigung. Der Erhabene Weisheits-Wahrheitskörper kann vielen verschiedenen Standpunkten entsprechend weiter unterteilt werden. Maitreyas *Schmuck der Klaren Erkenntnis* benennt einundzwanzig Gruppen unbefleckter erhabener Weisheiten, die in einhundertundsechsundvierzig Gruppen unterteilt werden können.

AUF LANGE SICHT ÜBEN

Das war eine kurze Erklärung: des Fundaments – der zwei Wahrheiten, konventionell und endgültig; der Wege, die auf diesem Fundament aufbauen – Mitgefühl und Weisheit; der Früchte dieser Wege – die Formkörper und der Wahrheitskörper eines Buddha. Es ist hilfreich, diesen Überblick über den Aufbau der Übung zu haben. Sie sollten sich aber daran erinnern, dass Verwirklichung durch viele Ursachen und Bedingungen hervorgerufen wird – durch richtiges und angemessenes Verständnis, durch Ansammlung von Verdienst und durch die Überwindung von Hindernissen. Wenn Sie nicht zuerst Verdienst angesammelt und schlechte Taten bereinigt haben, ist es schwierig, Verwirklichung zu erlangen, nur indem Sie sich bemühen zu meditieren. Daher ist es wichtig, sich durch jede der Grundvoraussetzungen hindurchzuarbeiten.

Sich den Grundvoraussetzungen zu verpflichten, bedeutet nicht einfach, irgendwelche Zähllisten aufzufüllen oder gar eine Meditationsklausur von drei Jahren und drei Mondphasen (wie einige aus der Tatsache schließen könnten, dass viele Meditationsklausuren so lange dauern) oder für irgendeine andere Zeitspanne durchzuführen. Stattdessen müssen Sie Verdienste ansammeln und Hindernisse reinigen, bis bestimmte Verwirklichungen entwickelt sind. Sie können Ihr ganzes Leben damit verbringen, mit dem Ziel, zukünftige Leben zu verbessern. Manchmal entwickeln Menschen, die lange Meditationsklausuren durchgeführt haben, aufgrund eines Mangels an Wissen beträchtlichen Stolz nur wegen der Tatsache, dass sie die Meditationsklausur abgeschlossen haben. Das Anwachsen des Stolzes bringt ein Anwachsen von Ärger, Eifersucht und Konkurrenzdenken mit sich. Dasselbe kann geschehen, wenn man nur über ein Buchwissen der Lehre verfügt. Es ist nicht einfach; die leidbringenden Emotionen sind durchtrieben und kompliziert.

Die Übung ist nicht etwas, dem Sie sich ein paar Wochen oder einige Jahre widmen. Sie findet über viele Leben, über Ewigkeiten hinweg statt. Wie wir gesehen haben, sprechen einige Texte davon, dass die Erleuchtung erlangt wird, nachdem man die Ansammlungen von Verdienst und Weisheit über den Zeitraum von drei unermesslich langen Weltzeitaltern hinweg vollendet hat. Wenn Sie diese Aussage richtig und genau betrachten, kann sie Sie dazu ermutigen, eine geduldige, ausdauernde Haltung durch schwierige Umstände hindurch anzunehmen. Wenn es Sie traurig macht, dies zu hören, dann könnte dies durch Ihren Wunsch verursacht sein, aus Ihrer großen Fürsorge für andere heraus schnell die Buddhaschaft zu erlangen. Es könnte auch ein Zeichen unzureichenden Mutes sein. Erleuchtung kann nicht erreicht werden, ohne hart dafür zu arbeiten. Wenn Sie anderer Auffassung sind, bedeutet dies, dass Sie irgendeine Form von Selbstsucht hegen.

Das ist der vollständige Verlauf des Weges. Auch wenn Tibeter keine Schätze besitzen, die man in einer Geldtasche aufbewahren könnte, haben Sie doch diese Reichtümer, die im Geist bewahrt werden können. Die anerkannten guten Absichten der verschiedenen Religionen reichen nicht aus; wir müssen sie im täglichen Leben in der Gesellschaft umsetzen. Erst dann können wir den wirklichen Wert ihrer Lehren verstehen. Falls beispielsweise ein Buddhist in einem Tempel meditiert, aber außerhalb des Tempels die kontemplativen Ideale dann nicht lebt, ist das nicht gut. Wir müssen im täglichen Leben üben.

Der wirkliche Wert der Übung erweist sich, wenn wir uns in einer schwierigen Zeit befinden. Wenn wir glücklich sind und alles wie am Schnürchen läuft, dann erscheint uns die Übung nicht so dringend. Wenn wir aber unvermeidlichen Problemen wie Krankheit, Alter, Tod oder anderen entmutigenden Situationen gegenüberstehen, wird es entscheidend, dass wir unseren Ärger im Zaum halten, unsere emotionalen Regungen beherrschen und unseren guten menschlichen Geist dazu benutzen, herauszufinden, wie wir dem jeweiligen Problem mit Geduld und Ruhe begegnen können.

Wenn wir uns auf diese Art und Weise üben, ist es unsere größte Hoffnung, dass wir das Problem bewältigen können. Falls dies aber nicht möglich ist, kann das Problem dann zumindest Ihren geistigen Frieden nicht stören. Das ist gut, oder nicht? Sie begegnen der Situation und bewahren Ihre Seelenruhe – ohne Medikamente oder Drogen zu nehmen und ohne zu versuchen, Ihre Gedanken davon abzubringen. Das ist der Grund, warum wir ein so großes Interesse an unseren Wochenenden und Ferien haben! Fünf Tage in der Woche sind Sie sehr beschäftigt und arbeiten hart, um Geld zu verdienen. Und am Wochenende gehen Sie dann mit diesem Geld an einen abgelegenen Ort, um eine schöne Zeit zu verbringen! Das bedeutet, dass Sie versuchen, Ihren Geist von Ihrem Problem wegzubringen. Aber das Problem ist immer noch da.

Wenn Sie jedoch eine gute geistige Einstellung haben, ist es nicht nötig, dass Sie sich ablenken. Wenn Sie der Situation ins Gesicht sehen und das Problem untersuchen können, dann wird es nach und nach wie ein großes Stück Eis im Wasser dahinschmelzen. Wenn Sie aufrichtig der Übung nachgehen, werden Sie deren wirklichen Wert erfahren.

Buddhas eigenen Worten zufolge werden seine Lehren hier fünftausend Jahre andauern. Am Ende dieser fünftausend Jahre werden die Lehren schließlich von jemandem, der eine Reinkarnation von Buddha selbst ist, zerstört werden, da die Lehren, wenn jener Tag kommt, keinen weiteren Wert mehr haben werden. Es gibt jedoch Milliarden von Universen wie dem unseren mit unzähligen Milliarden von Welten wie der unsrigen. In einigen von diesen werden die Lehren gerade neu eingeführt; in anderen gehen sie dem Ende entgegen. Die Lehren bleiben fortwährend zu jeder Zeit irgendwo bestehen. Die Buddhas verschwinden nie, und die Lehren gehen niemals verloren.

ZUSAMMENFASSUNG FÜR DIE TÄGLICHE ÜBUNG

Aus dem ganzen Buch heraus gesammelt und an einer Stelle zusammengefügt folgen hier die Zusammenfassungen für die täglichen Übungen. Konzentrieren Sie sich auf diejenigen, die für Ihr Niveau zu diesem Zeitpunkt geeignet sind. Oder wechseln Sie zwischen den Übungen innerhalb einer Woche ab. Mit Geduld über einen langen

Zeitraum hinweg entwickelt, werden Ihnen diese Übungen immer vertrauter werden, und Sie werden einen größeren Sinn in Ihrem Leben finden.

Ethik der individuellen Befreiung

1. Überprüfen Sie Ihre Motivation so oft Sie können. Selbst am Morgen, bevor Sie aus dem Bett aufstehen, entwickeln Sie eine gewaltlose, nicht missbräuchliche Zielsetzung für Ihren Tag. In der Nacht überprüfen Sie, was Sie den Tag über getan haben.
2. Nehmen Sie wahr, wie viel Leiden es in Ihrem eigenen Leben gibt:
◆ Es gibt körperliche und geistig-seelische Schmerzen, die Sie natürlich zu vermeiden suchen, wie zum Beispiel Krankeit, Alter und Tod.
◆ Es gibt vorübergehende Erfahrungen, wie das Essen von guten Speisen, die in und aus sich selbst angenehm und vergnüglich erscheinen, die sich aber in Schmerzen verwandeln, wenn man sie ununterbrochen genießt – das ist das Leiden der Veränderung. Wenn eine Situation von Vergnügen in Schmerzen übergeht, denken Sie über die Tatsache nach, dass sich nun die tiefere Natur des ursprünglichen Vergnügens enthüllt. Die Anhaftung an solch oberflächliche Freuden wird nur weiteres Leid bringen.
◆ Denken Sie darüber nach, wie Sie in einem allgemeinen und umfassenden Prozess der Bedingtheit gefangen sind, der unter dem Einfluss von Karma und leidbringenden Emotionen anstatt unter Ihrer Kontrolle steht.
3. Entwickeln Sie stufenweise eine realistische Sichtweise des Körpers, indem Sie dessen Bestandteile wie Haut, Blut, Fleisch, Knochen und so weiter untersuchen.
4. Untersuchen Sie Ihr Leben genau. So wird es Ihnen schließlich schwer fallen, es zu missbrauchen, indem Sie wie eine Maschine werden oder indem Sie nur nach Geld als Ersatz für Glück streben.
5. Nehmen Sie angesichts von Schwierigkeiten eine positive Einstellung an. Stellen Sie sich vor, dass Sie, indem Sie jetzt eine schwierige Situation durchmachen, auch schlimmere Konsequenzen von anderen Karmas schwächen, die Sie andernfalls in der Zukunft erfahren

müssten. Nehmen Sie, als geistige Übung, die Last ähnlicher Leiden von allen anderen Lebewesen auf sich.

6. Beurteilen Sie die möglichen positiven und negativen Wirkungen von Gefühlen wie Begierde, Ärger, Eifersucht und Hass. Wenn es offensichtlich wird, dass deren Wirkungen schädlich sind, werden Sie zu der Schlussfolgerung kommen, dass es keine positiven Auswirkungen beispielsweise von Ärger gibt. Analysieren Sie immer genauer, und allmählich wird Ihre Überzeugung stärker werden. Wiederholtes Nachdenken über die Nachteile von Ärger wird dazu führen, dass Sie erkennen, dass er sinnlos, ja geradezu bemitleidenswert ist. Diese Entscheidung wird die schrittweise Verringerung Ihres Ärgers bewirken.

7. Nachdem Sie das Ausmaß des Leidens erkannt haben, untersuchen Sie dessen Ursprung und stellen Sie fest, dass der Ursprung des Leidens in der Unwissenheit über die wahre Natur von Menschen und Dingen liegt und dass Wollust, Hass und so weiter auf dieser Unwissenheit beruhen. Erkennen Sie, dass Leiden beseitigt und in die Sphäre der Wirklichkeit hinein aufgelöst werden kann. Reflektieren Sie darüber, dass diese wahre Beendigung durch die Übung in Ethik, konzentrierter Meditation und Weisheit – den wahren Wegen – erreicht wird.

8. Beobachten Sie Ihre Anhaftungen an Speisen, Kleidung und Unterkunft und wenden Sie die Übungen eines Mönches oder einer Nonne in Zufriedenheit auf das Leben als Laie an. Geben Sie sich mit angemessener Nahrung, Kleidung und Unterkunft zufrieden. Nutzen Sie die zusätzliche freie Zeit für die Meditation, sodass Sie mehr Probleme bewältigen können.

9. Entwickeln Sie den starken Wunsch, davon Abstand zu nehmen, anderen entweder körperlich oder mit Worten zu schaden, gleichgültig ob man Sie in eine peinliche Lage versetzt, Sie beleidigt, gedemütigt, herumgestoßen oder geschlagen hat.

Führen Sie die Visualisation in fünf Schritten zur Entwicklung von Mitgefühl durch:

1. Bleiben Sie ruhig, gelassen und vernünftig.
2. Stellen Sie sich rechts vor Ihnen eine egoistische, selbstsüchtige Variante von Ihnen vor.
3. Stellen Sie sich links vor Ihnen eine Gruppe armer Menschen vor, mit denen Sie nicht verwandt oder bekannt sind, weder Freunde noch Feinde.
4. Beobachten Sie diese beiden Seiten von Ihrem ruhigen Aussichtspunkt aus. Denken Sie nun: „Beide Seiten möchten Glück. Beide möchten sich vom Leiden befreien. Und beide haben das Recht, diese Ziele zu erreichen."
5. Überlegen Sie sich Folgendes: „So wie wir normalerweise willens sind, vorübergehende Opfer zu bringen, um ein größeres, langfristiges Ziel zu erreichen, ist der Nutzen der größeren Anzahl leidender Lebewesen zu meiner Linken sehr viel bedeutender als diese eine egoistische Person zu meiner Rechten." Beobachten Sie, wie Ihr Geist sich ganz natürlich der Seite mit der größeren Anzahl von Menschen zuwendet.

Führen Sie das Ritual für die Erweckung des Erleuchtungsgeistes durch:

Nehmen Sie zuerst die sieben vorbereitenden Schritte:

1. *Verehrung.* Stellen Sie sich Buddha Shakyamuni vor, umgeben von unzähligen Bodhisattvas, wie sie den Himmelsraum vor Ihnen erfüllen, und erweisen Sie ihnen Ihre Verehrung und Hochachtung.
2. *Opfergaben darbringen.* Bringen Sie alle herrlichen Dinge, ob Sie diese nun besitzen oder nicht, den Buddhas und Bodhisattvas als Opfergaben dar – Ihren Körper, Ihren Besitz, Ihre Talente und Ihre eigenen Tugenden eingeschlossen.
3. *Offenlegen.* Legen Sie alle unzähligen schlechten Handlungen des Körpers, der Rede und des Geistes offen, die Sie mit der Absicht begangen haben, anderen zu schaden. Bereuen Sie es, diese Handlungen begangen zu haben, und entwickeln Sie den Wunsch, davon in Zukunft Abstand zu nehmen.

4. *Bewunderung.* Bewundern Sie aus der Tiefe Ihres Herzens Ihre eigenen guten Eigenschaften und Tugenden und die anderer. Erfreuen Sie sich an den guten Dingen, die Sie in diesem und früheren Leben getan haben und denken Sie: „Da habe ich wirklich etwas Gutes getan." Freuen Sie sich über die guten Eigenschaften und Tugenden anderer, die der Buddhas und Bodhisattvas mit eingeschlossen.
5. *Inständige Bitte.* Bitten Sie die Buddhas, die vollständig erleuchtet worden sind, aber noch nicht gelehrt haben, dies zum Wohl all derer zu tun, die leiden.
6. *Demütige Bitte.* Bitten Sie die Buddhas demütig, nicht zu verscheiden.
7. *Widmung.* Widmen Sie diese sechs Übungen dem Erlangen der höchsten Erleuchtung.

Dann führen Sie den Hauptteil des Rituals zum Entwickeln des Erleuchtungsgeistes des Strebens durch:
1. Stellen Sie sich einen Buddha oder Ihren spirituellen Lehrer als Stellvertreter des Buddha vor Ihnen vor mit der festen Absicht, die Buddhaschaft zu erlangen, um anderen Wesen zu helfen.
2. Rezitieren Sie dreimal folgende Worte, als würden Sie diese ihm oder ihr nachsprechen:

> Möge ich durch die Ansammlungen meiner mithilfe von Freigebigkeit, ethischem Verhalten, Geduld, freudiger Anstrengung, Konzentration und Weisheit erworbenen Verdienste die Buddhaschaft erlangen, um allen Lebewesen helfen zu können.

Um diesen tiefgründigen Altruismus in diesem Leben zu stärken und aufrechtzuerhalten, führen Sie Folgendes aus:
1. Vergegenwärtigen Sie sich immer wieder, welche Vorteile es hat, wenn Sie die Absicht entwickeln, zum Wohle anderer erleuchtet zu werden.
2. Unterteilen Sie den Tag und die Nacht in jeweils drei Abschnitte. Nehmen Sie sich während jedem dieser Abschnitte ein wenig Zeit oder erheben Sie sich kurz vom Schlaf, und üben Sie die Visualisation in fünf Schritten, die oben beschrieben wurde. Es ist auch ausreichend, wenn

Sie die fünf Schritte dreimal in einer Morgensitzung und dreimal in einer Abendsitzung durchführen, die jeweils fünfzehn Minuten dauert.
3. Vermeiden Sie es, das Wohlergehen auch nur eines einzigen Lebewesens zu vernachlässigen.
4. Beschäftigen Sie sich so viel wie möglich mit tugendhaften Handlungen, und entwickeln Sie ein grobes Verständnis der Natur der Wirklichkeit, oder erhalten Sie den Wunsch danach aufrecht, und arbeiten Sie daran.

Um diesen tiefgründigen Altruismus in zukünftigen Leben zu stärken und aufrechtzuerhalten,
1. belügen Sie niemals irgendjemanden, es sei denn, Sie könnten anderen durch Lügen großen Nutzen bringen.
2. helfen Sie anderen Menschen direkt oder indirekt, auf dem Weg zur Erleuchtung voranzuschreiten.
3. behandeln Sie alle Lebewesen mit Respekt.
4. betrügen Sie niemals irgendjemanden und bleiben Sie immer aufrichtig.
Denken Sie im Wesentlichen immer wieder: „Möge ich dazu fähig sein, allen Lebewesen zu helfen."

Konzentrierte Meditation

1. Wählen Sie sich einen Gegenstand der Meditation, fokussieren Sie Ihren Geist darauf und versuchen Sie, Stabilität, Klarheit und Intensität zu erreichen und aufrechtzuerhalten. Vermeiden Sie Schlaffheit und Aufgeregtheit.
2. Alternativ hierzu: Identifizieren Sie den grundlegenden Zustand des Geistes, unbefleckt von Gedanken, einfach in seinem eigenen Zustand – reines Leuchten, die erkenntnisfähige Natur des Geistes. Verweilen Sie mit Achsamkeit und Introspektion in diesem Zustand. Wenn ein Gedanke entsteht, schauen Sie nur auf die eigentliche Natur dieses Gedankens. Das wird dazu führen, dass der Gedanke seine Kraft verliert und sich von alleine auflöst.

Versuchen Sie Folgendes als eine Übung dafür, zu erkennen, wie Objekte und Lebewesen fälschlicherweise in der Wahrnehmung erscheinen:

1. Beobachten Sie, wie ein Gegenstand wie zum Beispiel eine Armbanduhr in einem Geschäft erscheint, wenn Sie ihn zum ersten Mal wahrnehmen; wie sich dann seine Erscheinungsweise ändert und immer konkreter wird, so wie Ihr Interesse daran größer wird und wie er schließlich erscheint, nachdem Sie ihn gekauft haben und als Ihr Eigentum betrachten.
2. Nehmen Sie zu unterschiedlichen Zeiten wahr, wie Sie selbst Ihrem Geist erscheinen, als ob Sie in und aus sich selbst existent wären, ohne von einem Geist und einem Körper abhängig zu sein.
3. Reflektieren Sie dann oft darüber, wie Phänomene in Abhängigkeit von Ursachen und Wirkungen entstehen und beobachten Sie, wie dies der Art und Weise widerspricht, wie Menschen und Dinge erscheinen, nämlich aus sich selbst heraus existierend, inhärent existierend. Wenn Sie zum Nihilismus neigen, reflektieren Sie mehr über das Entstehen in Abhängigkeit. Wenn Sie durch die Konzentration auf Ursachen und Bedingungen dazu neigen, die inhärente Existenz von Phänomenen zu verfestigen, dann legen Sie mehr Gewicht auf das Nachdenken darüber, wie das Bedingtsein dieser so stabilen Erscheinungsweise widerspricht. Sie werden wahrscheinlich von der einen zur anderen Seite gezogen werden. Es braucht Zeit, den wahren Mittelweg zu finden.

Außerdem:
1. Erkennen Sie die leuchtende, klare und erkenntnisfähige Natur des Geistes, ungetrübt von Gedanken und ohne irgendwelche konzeptuelle Überlagerungen.
2. Ergründen Sie immer wieder die tiefere Natur des Geistes, um seine Abwesenheit von inhärenter Existenz, seine Leerheit, zu offenbaren. Denken Sie darüber nach, wie der Geist von Ursachen, Bedingungen und seinen Bestandteilen abhängig ist. Für den Geist hängt jede Zeitspanne des Geistes – ob es nun eine Minute oder der kürzeste Augenblick ist – von früheren und späteren Abschnitten dieser Zeitspanne ab.

3. Versuchen Sie, die Vereinbarkeit der Erscheinung des Geistes mit seiner Leerheit von inhärenter Existenz zu erkennen. Sehen Sie, wie diese beiden sich gegenseitig unterstützen.

Tantra

Da es die Übung des Tantra ist, in erster Linie die Art und Weise umzuwandeln, wie Sie sich selbst, andere und Ihre Umwelt betrachten, kann es hilfreich sein, wenn Sie visualisieren, wie Sie selbst eine mitfühlende Motivation und einen makellosen Körper haben und Aktivitäten ausführen, die anderen Nutzen bringen.

Obwohl mein eigenes Wissen begrenzt und auch meine Erfahrung sehr armselig ist, habe ich dennoch mein Bestes versucht, Ihnen zu helfen, die vollständige Weite und Größe der Lehren Buddhas zu verstehen. Bitte versuchen Sie auszuführen, was auch immer in diesem Buch Ihnen als hilfreich erscheint. Falls Sie einer anderen Religion angehören, dann nehmen Sie bitte an, was immer unterstützend für Sie sein mag. Falls Sie nicht denken, dass etwas für Sie von Nutzen sein könnte, dann legen Sie es getrost zur Seite.

AUSGEWÄHLTE BIBLIOGRAPHIE

Shantideva: Eintritt in das Leben zur Erleuchtung. Diederichs, München.

Tenzin Gyatso, XIV. Dalai Lama: Einführung in den Buddhismus. Die Harvard-Vorlesungen. Freiburg, 16. Aufl. 2001 (Herder Spektrum 4946).

Tenzin Gyatso, XIV. Dalai Lama: Gesang der inneren Erfahrung. Die Stufen auf dem Pfad zur Erleuchtung. Hamburg (dharma edition) 1998.

Tenzin Gyatso, XIV. Dalai Lama, Francisco J. Varela: Traum, Schlaf und Tod. Grenzbereiche des Bewusstseins. München (Hugendubel) 1998. (Auch als Piper-Taschenbuch erhältlich.)

Tenzin Gyatso, XIV. Dalai Lama: Yoga des Geistes. Hamburg (dharma edition), 3. Aufl. 1999.

Tenzin Gyatso, XIV. Dalai Lama: Der Friede beginnt in dir. Wie innere Haltung nach außen wirkt. Freiburg, 6. Aufl. 2001 (Herder Spektrum 5128).

Jeffrey Hopkins (Hrsg.): Tantra in Tibet. München (Diederichs), 5. Aufl. 1994.

Jeffrey Hopkins: Mitgefühl und Liebe. Meditationstechniken und buddhistische Sichtweise. Goldmann, München.